Yf л0550

PETITES ARCHIVES

DES

THÉÂTRES DE PARIS

SOUVENIRS DE DIX ANS

Du 1er Janvier 1855 au 31 Décembre 1864
et des six premiers mois de 1865

RECUEILLIS ET MIS EN ORDRE

PAR M. L. PALIANTI

THÉATRE IMPÉRIAL DE L'OPÉRA.

PRIX : UN Franc.

PARIS

GOSSELIN, LIBRAIRE-ÉDITEUR,
BOULEVARD DE SÉBASTOPOL, 17.
1865.

PETITES ARCHIVES

DES

THÉATRES

DE PARIS.

SOUVENIRS DE DIX ANS

PAR

L. PALIANTI.

THÉATRE IMPÉRIAL DE L'OPÉRA.

PARIS,

GOSSELIN, LIBRAIRE-ÉDITEUR,

BOULEVARD DE SÉBASTOPOL, 17.

—

1865.

Pour paraître successivement à la même Librairie:

THÉATRE IMPÉRIAL DE L'OPÉRA-COMIQUE.
THÉATRE LYRIQUE IMPÉRIAL.
THÉATRE IMPÉRIAL ITALIEN.
COMÉDIE-FRANÇAISE.
THÉATRE IMPÉRIAL DE L'ODÉON.
THÉATRE IMPÉRIAL DU CHATELET.
THÉATRE DES BOUFFES-PARISIENS.
THÉATRE DE LA PORTE-SAINT-MARTIN.
THÉATRE DES VARIÉTÉS.
THÉATRE DU GYMNASE DRAMATIQUE.
THÉATRE DU VAUDEVILLE.
THÉATRE DU PALAIS-ROYAL.
THÉATRE DE LA GAITÉ.
THÉATRE DE L'AMBIGU-COMIQUE.
THÉATRE DÉJAZET.

En cas d'erreurs dans l'impression des noms propres, nous prions les personnes intéressées de nous en donner avis le plutôt possible; les rectifications seront faites dans le deuxième tirage.

Ministère de la Maison de l'Empereur et des Beaux-Arts

(Palais des Tuileries, place du Carrousel).

S. Ex. M. le maréchal Vaillant G. ✻, sénateur, membre du Conseil privé, grand maréchal du Palais, ministre-secrétaire d'Etat au département de la Maison de l'Empereur et des Beaux-Arts.

M. Gautier C. ✻, conseiller d'Etat, secrétaire général.

SURINTENDANCE GÉNÉRALE DES THÉATRES.

M. le Cte Bacciocchi G.O. ✻, premier chambellan de l'Empereur, sur intendant général.

M. Camille Doucet O. ✻, membre de l'Académie française, directeur.

BUREAU DES THÉATRES.

M. Cabanis ✻, chef de bureau.

Théâtres de Paris et des départements. Conservatoire impérial de musique et de déclamation. Ecoles de musique de Toulouse, Lille, Metz et Marseille. Nomination des directeurs. Règlements et surveillance. Indemnités aux auteurs et artistes dramatiques. Encouragements à l'art dramatique et à l'art musical. Examen et autorisation des ouvrages dramatiques. Inspection des théâtres et spectacles.

COMMISSION D'EXAMEN DES OUVRAGES DRAMATIQUES.

Examinateurs: MM. Florent ✻, Pacini ✻, Hallays ✻, Basset (Alex.) ✻. — M. Condat, secrétaire.

INSPECTION DES THÉATRES.

M. Plasté ✻, inspecteur.

MM. Carpentier et Boulangé-Cavé, sous-inspecteurs.

COMMISSION DU GOUVERNEMENT PRÈS LES THÉATRES IMPÉRIAUX.

M. Edouard Monnais ✻, commissaire impérial près les Théâtres lyriques et le Conservatoire impérial de musique et de déclamation.

M. Arthur de Beauplan ✻, commissaire impérial près le Théâtre de l'Odéon.

M. Bourdon (Jules), commissaire, inspecteur près les Théâtres et spectacles de Paris.

OFFICIERS MINISTÉRIELS.

MM. Mocquard ✻, notaire.

Mignot, avoué de 1re instance.

ACADÉMIE DE MUSIQUE.

THÉATRE IMPÉRIAL DE L'OPÉRA.

En décembre 1645, une troupe italienne mandée par Mazarin, cardinal ministre, fait son début devant Louis XIV et toute sa cour à la salle du Petit-Bourbon. On y représente *la Festa teatrale della Finta Pazza*, mélodrame italien en 5 actes, de *Gioran, Battista Balbi* et *Torelli*.

Presqu'en même temps (février 1646), au palais épiscopal de Carpentras, — Alessandro Bichi, cardinal évêque de cette ville, — est représenté le premier opéra français : *Akebar, roi du Mogol*, tragédie lyrique de l'abbé *Mailly*.

En 1662, sur le théâtre du Marais, rue Vieille-du-Temple, on y représente *le Mariage d'Orphée et d'Eurydice*, opéra en 5 actes, qui date du 26 février 1647.

En avril 1659, au village d'Issy, banlieue de Paris, chez M. *de la Haye*, on représente *la Pastorale en musique*, paroles de l'abbé *Perrin*, musique de *Cambert*.

Le 29 juin 1660, au *Neubourg* (département de l'Eure), au château du marquis de *Sourdéac*, est représenté le mélodrame en 5 actes de *Pierre Corneille* : LA TOISON D'OR.

Jusqu'en 1671, quelques représentations ont lieu aux Tuileries et à l'*hôtel Sourdéac*, rue Garancière, 10, à Paris.

L'ancien *Jeu de Paume de la Bouteille*, rue Mazarine, vis-à-vis celle Guénégaud, converti en théâtre, est la première salle où ont lieu des représentations publiques d'opéras français.

Le jour de l'inauguration, 19 mars 1671, on y joue la première représentation de *Pomone*, opéra en 5 actes, paroles de *l'abbé Perrin*, musique de *Cambert*, machines de M. le marquis de *Sourdéac*.

Par lettres-patentes du roi Louis XIV (1669), l'abbé Perrin était autorisé à établir en la ville de Paris et autres villes du royaume des *Académies de Musique*.

L'année suivante (1672), *Lully* supplante l'abbé Perrin, et ouvre l'*Académie de Musique* rue de Vaugirard.

Après la mort de *Molière*, la troupe de Lully s'établit dans la salle tenant au Palais-Royal, et l'inaugure en juillet 1675.

Le 2 janvier 1716 a lieu le premier bal masqué de l'Opéra, autorisé par le Régent.

Le 6 avril 1763, le feu détruit la salle du Palais-Royal. Les artistes s'établirent alors provisoirement au théâtre des machines des Tuileries, où ils débutent, le 24 janvier 1764, par *Castor et Pollux*, opéra en 5 actes, de *Bernard*, musique de Rameau, dont la première représentation date du 24 août 1737.

La salle du Palais-Royal reconstruite, l'ouverture a lieu le 26 janvier 1770.

Cette nouvelle salle est encore détruite par un incendie, le 8 avril 1781.

On construit alors, en 75 jours, une salle provisoire. Cette salle (théâtre de la Porte-Saint-Martin) existe encore.

L'ouverture se fait le 27 octobre 1781.

En 1795, l'Opéra est transféré dans la salle Montansier, rue Richelieu, en face les bâtiments de la Bibliothèque.

A la suite de l'assassinat du duc de Berry, — 13 février 1820, les représentations cessent à la salle Montansier, qui est démolie.

Pendant que l'on construit la salle provisoire rue Lepelletier, les représentations ont lieu à la *salle Favart*.

L'ouverture du théâtre actuel salle provisoire, rue Lepelletier), construit sur les dessins de l'architecte *Debret*, aidé par MM. *de Guerchy* et *Grignon*, a lieu le 19 août 1821.

Les deux premiers ouvrages nouveaux qui y sont représentés sont : le ballet d'*Aumer*: LA FÊTE HONGROISE (6 septembre 1821), et l'opéra en 5 actes d'*Etienne*, musique de *Nicolo Isouard* et *Bénincori*, ALADIN, OU LA LAMPE MERVEILLEUSE (6 février 1822).

De 1646 jusqu'à ce jour, l'Académie de Musique (Théâtre Impérial de l'Opéra) a donné, tant opéras que ballets, *six cent soixante et onze ouvrages*. L'AFRICAINE est le 671e.

La salle provisoire actuelle contient 1,905 places numérotées, divisées comme suit :

Stalles d'amphithéâtre..............................	137 places.
Stalles d'orchestre.................................	223 —
Stalles de parterre (souvent deux rangs du parterre à la face sont convertis en stalles d'orchestre. V. le tableau)	391 —
Amphithéâtre des quatrièmes........................	135 —

REZ-DE-CHAUSSÉE.

Loges de quatre places : n°° 4—5—6—7—8—11—12—13 14—15..	40 —
Loges de cinq places : n°° 2—3—9—10—16—17.........	30 —
Loges de huit places : n°° 1—18....................	16 —

PREMIÈRES LOGES DU FOYER ET DU BALCON.

Loges de trois places : n°° 4—14 —30—40..........	12 —
Loges de six places : n°° 5—6—7—8—9—11—12—13— 15—16—18—19—20—21—22—23—24—25—26—28— 29—31—32—33—35—36—37—38—39—41—42......	186 —
Loges de dix places : n°° 1—43....................	20 —
Les n°° 1—2—3, loges de S. M. l'Empereur..........	20 —

DEUXIÈMES LOGES.

Loges de six places : n°° 2—3—5—6—7—8—9—10—11 12—13—14—15—16—17—18—19—20—21—22—23— 24—25—26—27—28—29—30—31—32—33—34—35— 36—37—38—39—41—42..........................	231 —
Loges de huit places : n°° 1—43...................	16 —

TROISIÈMES LOGES.

Loges de quatre places : nᵒˢ 2—3—4—10—11—12...... 24 places.
Loges de cinq places : nᵒˢ 5—6—7—37—38—39....... 30 —
Loges de six places : nᵒˢ 8—9—10—11—12—13—15—
   16—17—18—19—20—21—22—23—24—25—26—27—
   28—29—31—32—33—34—35—36................... 162 —
Loges de sept places : nᵒˢ 14—30.................. 14 —
Loges de huit places : nᵒˢ 1—13................... 16 —

QUATRIÈMES LOGES.

Loges de quatre places : nᵒˢ 3—4—21—22.......... 16 —
Loges de six places : nᵒˢ 1—2—5—6—7—8—11—12—
   13—14—17—18—19—20—23—24.............. 90 —
Loges de huit places : nᵒˢ 9—10—15—16........... 32 —

CINQUIÈMES LOGES.

Neuf loges à quatre places..................... 36 —

Total.............. 1.005 places.

THÉATRE IMPÉRIAL DE L'OPÉRA.

STALLES DU PARTERRE.

La première banquette est adossée aux Stalles d'amphithéâtre. — Huit banquettes. Au besoin, deux banquettes supplémentaires.

Côté droit																		Côté gauche
1 3 5 7 9 11 13 15 17 19 21 23 25 27 29 31 33 35								34 32 30 28 26 24 22 20 68 16 14 12 10 8 6 4 2								
37 39 41 43 45 47 49 51 53 55 57 59 61 63 65 67 69 71 73								70 68 66 64 62 60 58 56 54 52 50 48 46 44 42 40 38 36								
75 77 79 81 83 85 87 89 91 93 95 97 99 101 103 105 107 109 111								108 106 104 102 100 98 96 94 92 90 88 86 84 82 80 78 76 74 72								
113 115 117 119 121 123 125 127 129 131 133 135 137 139 141 143 145 147 149 151								146 144 142 140 138 136 134 132 130 128 126 124 122 120 118 116 114 112 110								
153 155 157 159 161 163 165 167 169 171 173 175 177 179 181 183 185 187 189 191								184 182 180 178 176 174 172 170 168 166 164 162 160 158 156 154 152 150 148								
193 195 197 199 201 203 205 207 209 211 213 215 217 219 221 223 225 227 229 231								222 220 218 216 214 212 210 208 206 204 202 200 198 196 194 192 190 188 186								
233 235 237 239 241 243 245 247 249 251 253 255 257 259 261 263 265 267 269 271								260 258 256 254 252 250 248 246 244 242 240 238 236 234 232 230 228 226 224								
273 275 277 279 281 283 285 287 289 291 293 295 297 299 301 303 305 307 309 311								298 296 294 292 290 288 286 284 282 280 278 276 274 272 270 268 266 264 262								Supp.
Supp. 313 315 317 319 321 323 325 327 329 331 333 335 337 339 341 343 345 347 349								336 334 332 330 328 326 324 322 320 318 316 314 312 310 308 306 304 302 300								
Face. 353 355 357 359 361 363 365 367 369 371 373 375 377 379 381 383 385 387 389 391								374 372 370 368 366 364 362 360 358 356 354 352 350 348 346 344 342 340 338								Face.

Il existe à l'entrée du parterre trois strapontins sans numéros.
Les numéros suivants indiquent les Strapontins ou bout de bancs sans dossier : numéros 1 35 37 73 75 77 111 113 115 151 153 191 193 231 233 271 273 311 351 353 391.

Il existe à l'entrée du Parterre trois Strapontins sans numéro.
Les numéros suivants indiquent les Strapontins ou les bouts de bancs sans dossier : numéros 2 4 6 36 38 72 74 110 112 148 150 224 226 262 264 266 300 338.

STALLES DE L'AMPHITHÉATRE DES QUATRIÈMES.

Côté droit du public.   Côté gauche du public.

Côté droit									Côté gauche
439 441 443 445 447 449 451 453 455 457 459 461 463				460 458 456 454 452 450 448 446 444 442 440 438 436			
411 413 415 417 419 421 423 425 427 429 431 433 435 437				434 432 430 428 426 424 422 420 418 416 414 412 410			
83 85 87 89 91 93 95 97 99 101 103 105 107 409				408 406 404 402 400 98 96 94 92 90 88 86			
57 59 61 63 65 67 69 71 73 75 77 79 81				84 82 80 78 76 74 72 70 68 66 64 62 60 58			
29 31 33 35 37 39 41 43 45 47 49 51 53				54 52 50 48 46 44 42 40 38 36 34 32 30			
Face. 1 3 5 7 9 11 13 15 17 19 21 23 25				26 24 22 20 18 16 14 12 10 8 6 4			

THÉATRE IMPÉRIAL DE L'OPÉRA.

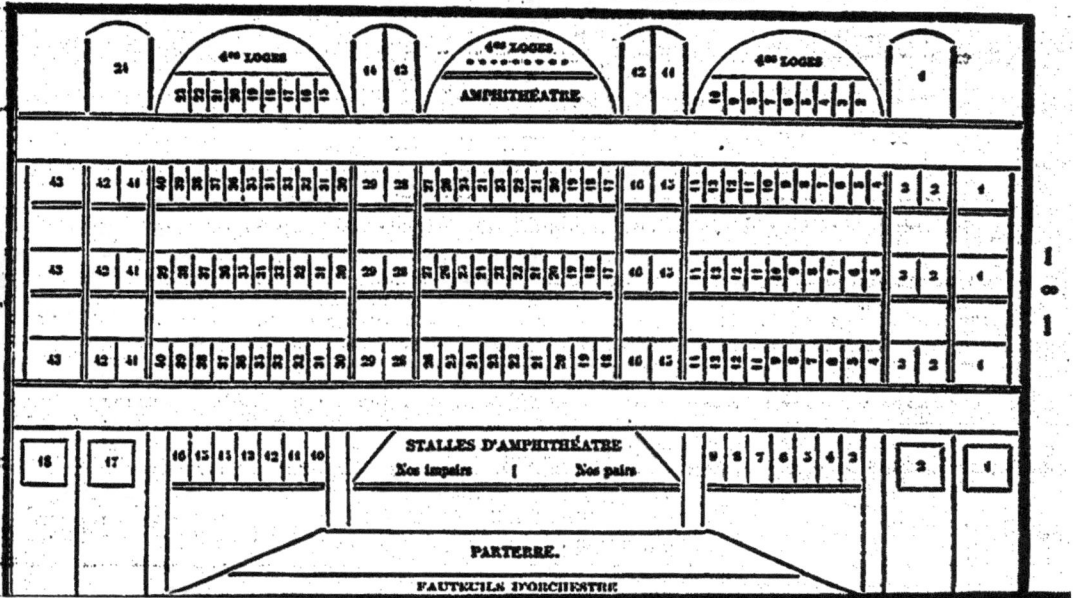

4me LOGES

4me LOGES
AMPHITHÉATRE

4me LOGES

STALLES D'AMPHITHÉATRE

Nos impairs   Nos pairs

PARTERRE.

FAUTEUILS D'ORCHESTRE

THÉATRE IMPÉRIAL DE L'OPÉRA.
STALLES D'AMPHITHÉATRE.

Côté droit du public.

Côté gauche du public.

```
                    121 123 125 127 129 131    130 128 126 124 122 120 118    136 134 132
                 101 103 105 107 109 111 113 115   116 114 112 110 108 106 104 102
119
      79 81 83 85 87 89 91 93 95 97 99    100 98 96 94 92 90 88 86 84 82 80 78
117|121|123
      55 57 59 61 63 65 67 69 71 73 75 77   76 74 72 70 68 66 64 62 60 58 56 54
133
      29 31 33 35 37 39 41 43 45 47 49 51 53   52 50 48 46 44 42 40 38 36 34 32 30
      1 3 5 7 9 11 13 15 17 19 21 23 25 27   28 26 24 22 20 18 16 14 12 10 8 6 4 2
```

Les Strapontins sont les n°s 29 55 79 109 117 119 121 133 135 137.   Les Strapontins sont les n°s 30 54 78 118 120 122 131 134 136.

Côté droit du public. — N°s impairs.   **STALLES D'ORCHESTRE.**   Côté gauche du Public. — N°s pairs.

```
251 253 255 257 259 261 263 265 267 269 271 273 275 277 279 281 283   296 294 292 290 288 286 284 282 280 278 276 274 272 270 268 266 264 262
215 217 219 221 223 225 227 229 231 233 235 237 239 241 243 245 247 249   260 258 256 254 252 250 248 246 244 242 240 238 236 234 232 230 228 226
177 179 181 183 185 187 189 191 193 195 197 199 201 203 205 207 209   224 222 220 218 216 214 212 210 208 206 204 202 200 198 196 194 192 190 188
143 145 147 149 151 153 155 157 159 161 163 165 167 169 171 173 175   186 184 182 180 178 176 174 172 170 168 166 164 162 160 158 156 154 152
107 109 111 113 115 117 119 121 123 125 127 129 131 133 135 137 139 141   150 148 146 144 142 140 138 136 134 132 130 128 126 124 122 120 118
213|211
 73 75 77 79 81 83 85 87 89 91 93 95 97 99 101 103 105   116 114 112 110 108 106 104 102 100 98 96 94 92 90 88 86 84
 41 43 45 47 49 51 53 55 57 59 61 63 65 67 69 71   82 80 78 76 74 72 70 68 66 64 62 60 58 56 54 52 50
    25 27 29 31 33 35 37 39                                            48 46 44 42 40 38 36 34 32
    11 13 15 17 19 21 23                                               30 28 26 24 22 20 18
       1 3 5 7 9                                                          16 14 12 10 8
```

Les Strapontins sont les n°s 11 213 215 217 41 73 107 143 177 251.   Les Strapontins sont les n°s 15 224 216 50 84 118 152 220 252.

```
                                                                          6 4 2
```

ORCHESTRE DES MUSICIENS

CINQUIÈMES LOGES, DERRIÈRE L'AMPHITHÉATRE DES QUATRIÈMES.

10	9	8	7	6	5	4	3	2

Prix des Places au Bureau et en Location.

	Au Bureau.	En Location.
Première Loges de face...... } Avant-Scène des Premières... }	12 fr. »	14 fr. »
Baignoires d'avant scène............	10 »	12 »
Stalles d'Amphithéâtre...............	12 »	14 »
Stalles d'Orchestre.................	10 »	12 »
Baignoires............ } Premières Loges......... } Deuxièmes Loges de face (1ᵉʳ étage au-dessus du Foyer)........ } Avant-Scène des deuxièmes Loges...... }	8 »	10 »
Deuxièmes Loges.................	7 »	8 »
Troisièmes Loges de face (2ᵉ étage au-dessus du Foyer........	6 »	7 »
Troisièmes Loges........ } Quatrièmes de face........ }	4 »	5 »
Quatrièmes Loges de côté........ } Amphithéâtre des Quatrièmes........ } Cinquièmes Loges de face .... }	2 50	3 »
Parterre.................	5 »	5 »

Titulaires des Loges et des Stalles louées à l'année.

Les Représentations ont lieu régulièrement les *Lundi*, *Mercredi* et *Vendredi* de chaque semaine.

Loges du Rez-de-Chaussée.

Nᵒˢ	LES LUNDIS. MM.	LES MERCREDIS. MM.	LES VENDREDIS. MM.
1.	De Saint-Pierre.	De Saint-Pierre.	De Saint-Pierre.
2.	Cᵗᵉ de Labourdonnaye	Cᵗᵉ de Labourdonnaye	Cᵗᵉ de Labourdonnaye
3. 4.	Ch. Laffitte.	Ch. Laffitte.	Ch. Laffitte.
5. 6.	Marqⁱˢ de Beaumont.	Marqⁱˢ de Beaumont.	Marqⁱˢ de Beaumont.
7.	Yakowlef.	....	Baudens.
8.	Commentry.	P. Rattier.	Baudens.
9.	Garnier.	Mᵐᵉ Archdeacon.	Lelong.
10.	....	....	Drouillens.
11.	Gaillard.	Petit.	Delessert.
12.	S. Ex. M. le maréchal Vaillant.	S. Ex. M. le maréchal Vaillant.	S. Ex. M. le maréchal Vaillant.
13.	Mᵐᵉ de Païva.	Mᵐᵉ de Païva.	Vandermarcq.
14.	Montguyon.	Montguyon.	Montguyon.
15. 16.	Albufera.	Albufera.	Albufera.
17.	Cᵗᵉ Lehon.	Cᵗᵉ Lehon.	Cᵗᵉ Lehon.
18.	Cᵗᵉ Lepic.	Cᵗᵉ Lepic.	De Vatry.

Premières Loges du Foyer et du Balcon.

N°s			
1.			
2.	Loges de Sa Majesté l'Empereur............................		
3.			
	LES LUNDIS.	LES MERCREDIS.	LES VENDREDIS.
	MM.	MM.	MM.
4.	P. Daru.	P. Daru.	P. Daru.
5.			
6.	De Saint Mars.	Monthiers.	Gautreux.
7.	Munster.	Bischoffenhenn.	Textoris.
8.	Oppenheim.	Waldner.	Harctoff.
0.	Bouge Kessler.	Calen.	Berges.
11.	Dabrin de Fontenilliat	Schneider.	Dabrin de Fontenilliat
12.	....	Firino.	Montané.
13.	Mᵐᵉ Abeille.	Ambass. de Turquie.	Dolfus.
14.			
15.	Comtesse Roger.	S. A. I. le prince	Moiana.
16.		Napoléon.	
18.	Pillet Will.	Furtado.	Fould.
19.	Pereire.	Besnay.	Garfunkel.
20.	Marqⁱˢ de Querrieux.	Walewski.	Comtesse Wendel.
21.	Gᵃˡ St-Jean-d'Angely	Baring.	Latour Dumoulin.
22.	Fould.	Général Fleury.	De Morny.
23.	Hottinguer.	Ponthevez.	Troplong.
24.	Rothschild.	Rothschild.	Rothschild.
25.	De Mercy-Argenteau.	M. de Pilté.	Baroche.
26.	Ambas. d'Angleterre	Ambas. d'Angleterre	Ambas. d'Angleterre
28.	Cassariera.	Cassariera.	Cassariera.
29.			Simons.
30.	Duc de Valençay.	Pedro Lacaze.	Simons.
31.		Conegliano.	Aubry.
32.	Labarthe.	Say.	Drouillard.
33.	Bavoux.	De Janzé.	Poisson.
35.	Barrot.	Defresnes.	Belmares.
36.	Nilot.	Brinquant.	Lemarchand.
37.	La Chesneraye.	Thomas.	Général Parchappe.
38.	Chartier.		
39.	Marqⁱˢ du Hallay.	Marqⁱˢ du Hallay.	Marqⁱˢ du Hallay.
40.			
41.	De Vatry.	Albufera.	La Riboissière.
42.			
43.	Aguado.	Aguado.	Aguado.

Deuxièmes Loges.

1.	Cᵗᵉ de Komar.	Cᵗᵉ de Komar.	Cᵗᵉ de Komar.
2.	E. André.	E. André.	E. André.
3.			Beer.
12.	....	Hennecart.	Lefèvre.
17.	Faivre.	Ganneval.	Sabatier.
18.	Barré.	Parent.	Parent.
19.	Parent.	Baron Thénart.	Lamarinière.
20.	Decan.	Guyenemer.	Seguin.
21.	Paradis.	Guilhem.	Eggli.
22.	Bowes.	Princesse Gagarin.	Rigault.
23.	....		

N	LES LUNDIS.	LES MERCREDIS.	LES VENDREDIS.
	MM.	MM.	MM.
24.	Dumont-Ste-Croix.	De Plancy.	Laurent.
25.	Benaset.	Aclocque.	De Berteux.
26.	Hennecart.	Vasselain.	Boutarel.
27.	Le Préfet.	Le Préfet.	Le Préfet.
28. 29.	} Princ^{sse} de Wagram.	Musard.	Jeoffroy.
30.	Commissai^{re} de Police	Commissai^{re} de Police	Commissai^{re} de Police
41. 42.	} Vic^{te} de la Redorte.	Vic^{te} de la Redorte.	Vic^{te} de la Redorte.
43.	Delamarre.	Delamarre.	Delamarre.

Quatrièmes Loges.

12. Loge de l'École de Chant.................................

Stalles d'Amphithéâtre.

33. Monsieur le Médecin de service.............................

Stalles d'Orchestre.

(Numéros pairs. — Côté gauche.)

4.	....	Trudon.	....
6.	....	De Praslin.	De Praslin.
10.	....	....	Chenest.
12.	Leprovots.	Leprovots.	Leprovots.
14.	Bocher.	Bocher.	Bocher.
16.	Cohen.	Cohen.	Cohen.
20.	....	....	Delacomble.
22.	Martini.	Martini.	Martini.
24.	Robin.	Robin.	Robin.
26.	Chabrier.	Chabrier.	Chabrier.
36.	....	Hayler.	
40.	....	....	De Saint-Sauveur.
42.	....	....	Jullienne.
44.	Chabrier.	Chabrier.	Chabrier.
46.	Rothschild.	Rothschild.	Rothschild.
52.	L'Officier de Paix.	L'Officier de Paix.	L'Officier de Paix.
62.	....	Mongenot.	....
64.	....	Mongenot.	Delaunay.
66.	....	Mongenot.	....
68.	....	Lavoignat.	....
70.	....	Damberger.	....
90.	....	De Hostange.	....
190.	Ismael.	Ismael.	Ismael.

(Numéros impairs. — Côté droit.)

1.	Laterrière.	Laterrière.	Laterrière.
3.	Vieyra.	Vieyra.	Vieyra.
5.	Thomas.	Thomas.	Thomas.
7.	Thomas.	Thomas.	Thomas.
9.	Tissy.	Tissy.	Tissy.
13.	Malençon.	Malençon.	Malençon.
15.	Grierninger.	Grierninger.	Grierninger.
17.	Vurher.	Vurher.	Vurher.
19.	Hory.	Hory.	Hory.
21.	Collas.	Collas.	Collas.

	LES LUNDIS.	LES MERCREDIS.	LES VENDREDIS.
	MM.	MM.	MM.
23.	Lefèvre.	Lefèvre.	Lefèvre.
25.	Galitzin.	Galitzin.	Galitzin.
27.	L'officier des Sapeurs-Pompiers.	L'officier des Sapeurs-Pompiers.	L'officier des Sapeurs-Pompiers.
29.	Hart.	Hart.	Hart.
31.	De Mourgues.	De Mourgues.	De Mourgues.
33.	Hankey.	Hankey.	Hankey.
35.	Lunel.	Lunel.	Lunel.
37.	Bianchi.	Bianchi.	Bianchi.
39.	Thomassin.	Thomassin.	Thomassin.
45.	Osiris.	Osiris.	Osiris.
49.	Dufeu.	Dufeu.	Dufeu.
53.	....	....	Manseaux.
55.	....	....	Caumartin.
57.	....	Duc de Valmy.	Duc de Valmy.
59.	....	....	Lefèvre.
61.	....	....	Prevost.
63.	Vanonvenhuyssen.	Vanonvenhuyssen.	Vanonvenhuyssen.
65.	Guillaume.	Guillaume.	Guillaume.
69.	De Salis.	De Salis.	De Salis.
75.	Bodin.	....	Bodin.
77.	Mirès.	Mirès.	Mirès.
81.	....	....	Roussel.
83.	Baude.	....	....
85.	De Fermon.	....	....
87.	Rouher.	Rouher.	Rouher.
89.	Esperonnier.	....	....
91.	Harneux.	....	....
93.	Brun.	....	....
101.	....	....	Fitz-James.
103.	....	....	Cocteau.
105.	....	....	Hachette.
141.	Carrias.	....	....

ÉTAT ACTUEL DU THÉÂTRE IMPÉRIAL DE L'OPÉRA

(Septembre 1865).

ADMINISTRATION.

M. Emile Perrin, O. ✱, directeur.

M. Guillet, secrétaire de l'administration.

M. Du Locle, secrétaire

M. Avrillon, chef de la comptabilité.

M. Lami, ✱, receveur payeur de la Couronne, détaché pour le service de l'Opéra.

M. E. Cormon, ✱, directeur de la scène.

M. Colleuille, régisseur de la scène et inspecteur du contrôle de la salle.

M. G. Colleuille, 2me régisseur et préposé adjoint à la location.

ARCHITECTE.

M. Garnier ✱.

MÉDECINS DE L'OPÉRA.

MM. Beaude ✱.

Sibile ✱.

Magnin.

De Laurès ✱.

Laborie O ✱.

Pasquier ✱.

Calvo.

Rossignol ✱.

Hip. Bourdou ✱.

Hervé de Lavaur ✱.

Ladreit de la Charrière.

Leviot.

CONSEIL JUDICIAIRE.

M. Chaix-d'Est-Ange, O.✱, avocat à la Cour impériale.

M. Glandaz, ✱, avoué honoraire.

M. Laubanie, avoué.

M. Schayé, agréé.

EMPLOYÉS DE L'ADMINISTRATION.

MM. Lamarche, Moreau, Yver, Beljame.

3 Garçons de bureau.

2 Garçons de caisse.

2 Avertisseurs du chant.

2 Avertisseurs de la danse.

3 Surveillants des coulisses.

PRÉPOSÉE A LA LOCATION.

Mme Merlier.

BIBLIOTHÉCAIRE.

M. Leborne, ✱.

ARCHIVISTE.

M. Ch. Nuitter.

PEINTRES DÉCORATEURS.

MM.

Cambon et Thierry ✱, rue d'Angoulême-du-Temple, 56.

Rubé et Chaperon, rue de la Chopinette, 8 bis.

Despléchin ✱ et Lavastre, rue Turgot, 17.

CHANT.

MM. Vauthrot, chef du chant.

Croharé, chef du chant, adjoint.

Giuliani, professeur de chant.

Hustache, souffleur.

ARTISTES.

Ténors.

MM. Gueymard.

Warot.

Villaret.

Naudin.

MM. Aimès.

Kœnig.

Tissère.

Grisy.

Mermand.

Barytons.

Faure.

Marié.

Porthehaut.

Cléophas.

Caron.

Dumestre.

Basses.

Obin.

Belval.

Cazaux.

Bonnesseur.

David.

Castelmary.

Fréret.

Mechelaëre.

Mmes Gueymard.

Saxe.

Marie Battu.

Hamakers.

De Taisy.

Levieilli.

Godfrend.

Sannier.

Vauthrot.

Tarby.

Christian.

Saint-Aguet.

DANSE.

MM. Petipa.

Berthier.

Mérante.

Bauchet.

Dauty.

Petit.

Coralli.

Chapuy.

Remond.

MM. Estienne.
Cornet.
Pluque.
Lecerf.

Mlles Salvioni.
Caroline.
Villiers.
Marquet.
Savel.
Morendo.
Aline.
Carabin.
Rousseau.
Stoïkoff.
Fiocre 1re.
Fonta.
Parent.
Beaugrand.
Baratte.
Bossi.
Fioretti.
Meranto.
Fiocre 2me.
Pilatte.
Lamy.
Sanlaville.
Montaubry.

CHANT (CHŒURS).

M. Victor Massé ✻,
chef du chant et des
chœurs.
M. Leo Delibes, sous-
chef.

Premiers dessus.

Mlle Granier, coryphée.
Mlles
1. Garrido.
2. Marcus.
3. Courtois.
4. Berlin.
5. Godallier.
6. Stech.
7. Mignot.
8. Lebrun.
9. Lasserre.
10. Procksch.
11. Prudhomme.
12. Clerc.
13. Lovendal.

Seconds dessus.

Mlles
1. Lemarre.
2. Albertini.
3. Legrand.
4. Prély.
5. Odot.
6. Lourdin.
7. Hubert.
8. Motteux.
9. Parent.
10. Klémczynski.
11. Fourcault.

Troisième dessus.

Mlles
1. Vaillant.
2. Brousset.
3. Jacquin.
4. Metzger.
5. Guillaumot.
6. Godard.
7. De Bondé.
8. Laboire.

Quatrièmes dessus.

Mlle Christian, cory-
phée.
Mlles.
1. Lorette.
2. Tissier.
3. Ghiringhelli.
4. Cusse.
5. Schwab.
6. Rouaud.
7. Cotteignies.
8. Barral.
9. Printemps.
10. De Busigne.

Enfants.

MM.
1. Riga.
2. Lejeune.
3. Gouard.
4. Stech.
5. Wreden.
6. Charon.
7. Cognet.
8. Bour.

Premiers ténors.

MM.
Chazotte, coryphée.
Caraman, coryphée.

MM.
1. Louvergne.
2. Cresson.
3. Desdet.
4. Bresnu.
5. Marty.
6. Dupuis.
7. Prieux.
8. Desdet fils.
9. Pulliat.
10. Hélin.
11. Carteret.
12. Ch. Clerc.
13. Lefebvre.
14. Brégère.

Seconds ténors.

MM.
Donzel, coryphée.
Fleury, coryphée.
MM.
1. Foy.
2. Marin.
3. Laborde.
4. Couteau.
5. Lalande.
6. Bay.
7. Blanc.
8. Hamger.
9. Connesson.
10. Granger.
11. Desoras.
12. Imbert.

Premières basses.

MM.
Delahaye, coryphée.
Noir, coryphée.
MM.
1. Hano.
2. Hennon.
3. Gentile.
4. Margaillan.
5. Lejeune.
6. Schmidt.
7. Legée.
8. Jolivet.

Secondes basses.

M. Georget, coryphée.
MM.
1. Mouret.
2. Jacques.
3. Boussagol.
4. Marjollet.

MM.
5. Jary.
6. Van-Hoof.
7. Daniel.
8. Fayet.
9. Thuillart.
10. Georges.
11. Hourdin.
12. Debaene.
13. Donnette.
14. Dodin.

DANSE.

MM.

Petipa, maître de ballet.

Berthier, régisseur de la danse.

Mathieu et Adice, professeurs des hommes (classe de danse).

Mmes.

Taglioni, Caroline, professeurs des femmes. (80 élèves.)

Coryphées mimes.

MM.
1. Lefèvre.
2. Millot.
3. Jules.
4. Bertrand.

Premier quadrille.

PREMIER ORDRE.

MM.
1. Monfallet.
2. Bion.
3. Leroy.
4. Darcourt.

DEUXIÈME ORDRE.

5. Pissarello.
6. Josset 1er.
7. Galland.
8. Barbier.

Deuxième quadrille.

PREMIER ORDRE.

1. Fournier.
2. Fanget.
3. Meunier.
4. Perrot.

DEUXIÈME ORDRE.

5. Michaux.
6. Desvignes.
7. Gabiot.
8. Salomon.

Troisième quadrille.

1. Bretonneau.
2. Ruault.
3. Guillemot.
4. Lavigne.
5. Hoquante.
6. Granjon.
7. Rust.
8. Fournot.
9. Porcheron.
10. Léger.
11. Josset 2me.
12. Bussy.
13. Josset 3me.
14. Polin
15. Gasselin.
16. Lebel.

Suppléments.

MM.
1. Henry.
2. Picot.
3. Lebrun.
4. Flechelle.
5. Thery.

BALLET.

Quadrille des dames.

PREMIÈRE DIVISION.

Mlles
1. Leroy.
2. Rust.
3. Volter 2me.
4. Brach.
5. Hairivau.
6. Ribet 1re.
7. Leger.
8. Jousse.

DEUXIÈME DIVISION.

9. Laurent.
10. Jousset.
11. Allias.
12. Malot 1re.
13. Alexandre.
14. Volter 1re.
15. Parent 2me.
16. Simon.
16b. Georgeault.

Premier quadrille.

PREMIÈRE DIVISION.

1. Piquart.
2. Lapy.
3. Fatou.
4. Valet.
5. Gamblon.
6. Tarlé.
7. Vibon.
8. Deleonet.
8b. Gaillet.

DEUXIÈME DIVISION.

9. Thomasson.
10. Pallier.
11. Gaugain.
12. Barbotti.
13. Pouilly.
14. Dauwes.
15. Desvignes.
16. De Marconnay.

Deuxième quadrille.

PREMIÈRE DIVISION.

1. Parent 3me.
2. Munié.
3. Verne.
4. Josset.
5. Lesage.
6. Balson.
7. Guillemot.
8. Marquet.

DEUXIÈME DIVISION.

9. Bussy.
10. Vitcoq.
11. Mitscher.
12. Flechelle 1re.
13. Laroche.
14. Lebrun.
15. Canet.
16. Ribet 2me.
16b. Bellmar.

Troisième quadrille.

1. Fieullette.
2. Carlier.
3. Gabot 2me.
4. François.
5. Subra.
6. Schmit.
7. Travaillé 1re.
8. Pourcher.
9. Trabold.
10. Bellardel.
11. Peletier.
12. Valin.

13. Larieux.
14. Lavigne.
15. Drefriso.
16. Pissarello.

ÉLÈVES.

17. Dardare.
18. Gillet 2me.
19. Flechelle 2me.
20. Fiocre 3me.
21. Jousset 2me.
22. Schmit 2me.
23. Allias 2me.
24. Travaillé 2me.
25. Douillard.
26. Coeytaux.
27. Geraldon.
28. Dieudonné.
29. Bernay.
30. Lasselin.
31. Ridel.
32. Solari.

Figurantes.

1. Meunier.
2. Letellier.
3. Meurant.
4. Lefèvre.
5. Gueroult.
6. Masson.
7. Gabot 1re.
8. Leduc.
9. Gillet 1re.
10. Menier.
11. Chevalier.
12. Vallier.
13. Thouvenot.
14. Malgorne.
15. Thessier.
16. Bussy 1re.

—

1. Noémi.
2. Gaillard.
3. Lebreton.
4. Royer.

M. Carré, chef comparses.

Sous-chef
Buvers.
Comparses.

ORCHESTRE.

MM.
Georges Hainl, chef
Deldevez, second chef.

Premiers violons.

1. Leudet, 3e chef
   d'orchestre.
2. Garcin.
3. Mainvielle.
4. Saenger.
5. Ernest Altès.
6. Gout.
7. Lancien.
8. Colonne.
9. Telezinski.
10. Wuillaume.
11. Jacobi.
12. Viollet.

Seconds violons.

1. Perier.
2. Venettoya.
3. Tolbecque ainé.
4. Aubery.
5. Tolbecque.
6. Pilout.
7. Lelong.
8. Dambé.
9. Trombetta.
10. Jolivet.
11. Chomanowski.

Altos.

1. Vignier.
2. Adam.
3. Gard.
4. Henricet.
5. Fridrich
6. Millaux 2me.
7. Givre.
8. Collongues.

Violoncelles.

1. Desmarest.
2. Norblin.
3. Marx 1er.
4. Marx 2me.
5. Tilmant.
6. Pilet.
7. Dufour.
8. Guérout.
9. Rabaud.
10. Loys.

Contrebases.

1. Gouffé.
2. Verrinst.
3. Perot.
4. Mante.
5. Pasquet.

6. Taite.
7. Deslandres.
8. De Bailly.

Hautbois.

1. Cras.
2. Barthélemy.
3. Corret.

Clarinettes.

1. Leroy.
2. Rose.
3. Duprez.

Flûtes.

1. Durus.
2. Henri Altès.
3. Leplus.

Cors.

1. Nohr.
2. Rousselot.
3. Duvernoy.
4. Pothin.
5. Halary.

Bassons.

1. Divoir.
2. Verroust jeune.
3. Villaufret.
4. Dihan.

Trompettes.

1. F. Dubois.
2. Lallement.

Cornets.

1. Forestier.
2. Maury.

Trombonnes.

1. Dieppo.
2. Simon.
3. Dantonet.
4. Quentin.

Ophicléide.

1. Vasseur.

Harpistes.

1. Dretzen.
2. Gillette.

1er Timbalier.

1. Emery

2e Timbalier et tambour.

1. Semet. 2.

Cymbalier.

1. Tardif.

Grosse-Caisse.

1. Cailloué.

Triangle.

1. Hénon.

Préposé.

Napras.

CONTRÔLE.

MM.

Dumest, chef.
Pichery, 2me chef.
Dervin, 1er inspecteur.
Chain, 2me inspecteur.
18 employés à divers postes.
3 surnuméraires.
3 buralistes.
1 id. surnuméraire.
1 ouvreuse de la loge impériale.
33 ouvreuses.
8 id. surnuméraires

SERVICE DES DÉCORATIONS.

MM.

Sacré, chef-machiniste.
Emery, 2me chef.

MM.

Barbou, brigadier du cintre.
V. Sacré, id. du théâtre
Lambert, id. du dessous
24 menuisiers et charpentiers.
32 garçons.
35 aides machinistes externes.
50 charpentiers pour l'*Africaine*.
2 tapissiers.
3 couturières.
1 menuisier p. la salle.
1 chef balayeur.
3 hommes.
3 femmes.

M. Ruggieri, artificier.
M. Dubosc ✷, électricité.

SERVICE DES COSTUMES.

MM.

Lormier, chef du service.
Bleyne, inspecteur.
Pujo, garde-magasin.
Frot, employé.
Albert, dessinateur.
Detrax, garde-magasin.
Galinat, fourbisseur.

MM.

Faton, chef tailleur.
Petitjean, adjoint.
Hary, sous-chef.
18 tailleurs de 1re, 2me et 3me classe.

Mmes

Liot, maîtresse.
Anglade, sous-maître.
Agnès, modiste.
De Lafolie, employée.
24 couturières de 1re, 2me et 3me classe.

HABILLEURS ET HABILLEUSES.

16 hommes.
16 femmes.

COIFFEURS.

MM.

Justin Vinson, chef.
Guérin, id.
Valençon, id.
10 coiffeurs.

SERVICE DES ACCESSOIRES.

M. Hébert, chef.
10 garçons.
4 concierges, dont un à la rue Richer.

PREMIÈRES REPRÉSENTATIONS, REPRISES, DÉBUTS ET FAITS PRINCIPAUX

Du 1er Janvier 1855 au 30 Juin 1865 inclusivement.

1855

Mois.	Dat	
Janv..	5	Début de M. *Neri Baraldi* (rôle de *Fernand* dans *la Favorite*). Rentrée de M⁰ˢ *Stolz*.
—	8	LA FONTI, ballet-pantomime en 2 actes, 6 tableaux, de MM. *Mazillier*, musique de M. *Th. Labarre*.
Févr..	10	M. Crosnier, administrateur général, remet à S. M. l'Empereur un plan de réorganisation.
—	21	Début de M⁰⁰ *Borella* (rôle de *Mazourka* dans le ballet *le Diable à quatre*).
Mars..	5	Reprise de *la Juive.*
Avril.	..	. . . .
Mai...	11	Mort de M. *Lavigne*, ancien premier sujet.
Juin..	13	LES VÊPRES SICILIENNES, opéra en 5 actes, de MM. *E. Scribe* et *Ch. Duveyrier*, musique de *Verdi*.
—	18	M. ROGER contracte un engagement de quatre mois au prix de 40,000 francs.
Juillet	5	Rentrée de M⁰⁰ *Alboni* et de M. *Roger*.
—	6	Début de M⁰⁰ *Lafont* (rôle de *Rachel* dans *la Juive*).
Août..	9	Début de M. *Wicart* (rôle d'*Éléazar* dans *la Juive*).
—	21	Représentation solennelle honorée de la présence de LL. MM. l'Empereur, l'Impératrice, la Reine d'Angleterre et de S. A. R. le Prince Albert.
Sept..	7	Début de M. *Belval* (rôle de *Marcel* dans *les Huguenots*).— Mort de M. *J.-B. Claude Verdellet* dit *Desplaces*, danseur de l'Opéra.
—	26	L'affiche annonce *les Vêpres siciliennes*. Une indisposition subite de M⁰⁰ *Cruvelli* force l'administration à faire relâche.
—	27	SAINTE-CLAIRE, opéra en 2 actes, de M. *G. Oppelet*, musique de *F. D. S. C.*
Octob.	4	L'Union chorale de Cologne se fait entendre dans une représentation extraordinaire.
—	11	Un machiniste est trouvé pendu dans le dessous du théâtre ; la mort date du dimanche 7.
—	26	Début de M⁰⁰ *Borghèse* (rôle de *Léonor* dans *la Favorite*).
Nov..	..	. . . .
Déc..	12	Dernière représentation de M⁰⁰ *Cruvelli*.
—	24	PANTAGRUEL, opéra en 2 actes, de M. *H. Trianon*, musique de M. *Th. Labarre*.
—	26	La seconde représentation de PANTAGRUEL, annoncée pour aujourd'hui, ne peut avoir lieu. L'ouvrage cesse de faire partie du répertoire.

1856

Mois.	Dat	
Janv..	2	Rentrée de M⁰⁰ *Tedesco* (rôle de *Fidès* dans le *Prophète*).
—	8	S. M. l'Empereur décide qu'il sera donné un certain nom-

Mois.	Dat.	1856
		bre de représentations à l'Opéra pour les troupes qui reviennent de Crimée. — Mariage de Mlle Cruvelli avec M. le baron *Vigier*.
Janv..	12	Première représentation offerte à l'armée d'Orient : JOVITA.
—	23	LE CORSAIRE, ballet-pantomime en 3 actes, 5 tableaux, par MM. *de Saint-Georges* et *Mazillier*, musique de M. *A. Adam*.
Févr..	6	M. *Henri Potier*, chef du chant, cesse ses fonctions; il est remplacé par M. *Vauthrot* de l'Opéra-Comique.
—	10	M. *N. Girard*, chef d'orchestre, renonce à la direction du chant.
—	20	Début de M. *Armandi* (rôle de Robert le Diable).
Mars .	7	Reprise de LA REINE DE CHYPRE (Mme Tedesco).—Début du danseur *Chapuy*.
—	28	Début de Mlle *Donali* dans *la Juive*.
Avril.	..	
Mai...	2	Début de Mlle *Elmire* (rôle de *Catherine* dans *la Reine de Chypre*).
—	3	Mort de M. *Adolphe Adam*, compositeur de musique, membre de l'Institut.
—	5	Représentation extraordinaire au bénéfice de Mme *Ve Adam*.
—	14	Par décret en date de ce jour, il est créé, à partir du 1er juillet 1856, une Caisse spéciale de pensions de retraite pour le théâtre impérial de l'Opéra.
—	16	Début de Mlle *Ribaut* (rôle d'*Alice* dans *Robert*).
Juin..	4	Début de Mlle *Moreau Sainti* (rôle d'*Hélène* dans *les Vêpres siciliennes*).
—	27	Dernière représentation de Mlle *Rosati* : LE CORSAIRE.
Juillet	1	M. *Alphonse Royer* est nommé directeur du théâtre impérial de l'Opéra, en remplacement de M. *F. Crosnier*, dont la démission est acceptée.
—	7	M. *F. Crosnier*, membre du Corps législatif, du conseil général d'Indre-et-Loire et ex-directeur du théâtre impérial de l'Opéra et de l'Opéra-Comique, est nommé commandeur dans l'ordre impérial de la Légion d'honneur
—	11	On affiche la première représentation de la reprise de *Guillaume Tell*. Une indisposition de M. *Gueymard* oblige à faire relâche.
—	15	Début de M. *Renard* (rôle d'*Eléazar* dans *la Juive*).
—	23	Début de M. *Regnold* (rôle de *Fernand* dans *la Favorite*).
—	25	Début de M. *Puget* (rôle d'*Egard* dans *Lucie*).
Août.	1	M. *Henri Potier*, ex-chef du chant, gagne son procès contre la direction, qui est condamnée à payer à M. *Henri Potier* une année d'appointements.
—	11	LES ELFES, ballet-pantomime en 3 actes, de MM. *de Saint-Georges* et *Mazillier*, musique de M. le comte *Gabrielli*. Début de Mlle *Ferraris*.
—	20	Reprise de GUILLAUME TELL de *Rossini*.
Sept..	12	Début de Mlle *Hamackers* (rôle de *Mathilde* dans *Guillaume Tell*).
—	17	Début de Mme *Borghi-Mamo* (rôle de *Fidès* dans *le Prophète*).— Rentrée de M. *Roger*.

1856

Mois.	Dat.	
Oct..	6	Début de Mlle *Medori* (rôle d'*Hélène* dans *les Vêpres siciliennes*).
—	24	Rentrée de Mme *Rosati* dans *le Corsaire*.
—	26	Pendant la représentation de *Robin*, Mlle *Emarot* se donne une entorse. Mlle *Sarel* la remplace à l'improviste.
Nov..	7	Rentrée de Mme *Rosati*.
—	10	LA ROSE DE FLORENCE, opéra en 3 actes, de M. *de Saint-Georges*, musique de M. *Billetta*.
—	21	Mme *Borghi-Mamo* chante pour la première fois le rôle de *Léonor* dans *la Favorite*.
Déc..	10	Par indisposition de Mme *Borghi-Mamo*, Mlle *Wertheimber* débute au pied levé par le rôle de *Léonor* dans la *Favorite*.

1857

Mois.	Dat.	
Janv..	12	Le TROUVÈRE, opéra en 4 actes, de M. *E. Pacini*, musique de *Verdi*.
Fév...	6	Début de M. *Bussine* (rôle d'*Alphonse* dans *la Favorite*).
Mars.	13	Rentrée de Mlle *Moreau-Sainti* (LES VÊPRES SICILIENNES).
Avril.	1	MARCO-SPADA, ballet-pantomime en 3 actes, 5 tableaux, de M. *Mazillier*, musique de M. *Auber*.
—	20	FRANÇOIS VILLON, opéra en 1 acte, de M. *Gol*, musique de M. *Membrée*.
—	24	Début de Mlle *de la Pommeraye* (rôle de *Catherine* dans la *Reine de Chypre*).
Mai..	7	Mort à Londres de M. *Laty*, ancien chef du chant de l'Opéra.
—	16	Représentation de retraite de M. *Levasseur*. Il chante pour la dernière fois le rôle de *Bertram* dans *Robert le Diable*.
—	25	Représentation PAR ORDRE donnée en présence de LL. MM. l'Empereur, l'Impératrice et le grand-duc CONSTANTIN de Russie.
Juin..	4	Représentation extraordinaire au bénéfice de la Caisse des pensions de l'Opéra.
—	7	Représentation PAR ORDRE honorée de la présence de S. M. le *Roi de Bavière*.
—	15	Rentrée de M. *Armandi* dans ROBERT LE DIABLE.
Juillet	15	Reprise d'ORFA, ballet (Mlle *Ferraris*).
—	20	Reprise de LE COMTE ORY, opéra.
—	22	Rentrée de M. *Roger* dans LE PROPHÈTE.
—	31	Début de M. *Dumestre* (GUILLAUME TELL).
Août.	21	Début de Mlle *Rose*. Un pas dans LA FAVORITE.
Sept..	9	Rentrée de Mlle *Rosati* dans le ballet *Marco Spada*. (Rôle d'*Angela*).
—	21	LE CHEVAL DE BRONZE, opéra en 4 actes, de M. *E. Scribe*, musique de M. *Auber*.
Oct...	..	....
Nov...	21	Représentation extraordinaire au bénéfice de Mlle *Rosati*. Concours des artistes de la Comédie française et du Palais-Royal.

Mois.	Dat.	

1857

Nov..	28	FESTIVAL au bénéfice de la Caisse des pensions de l'Opéra.
Déc...	1	Les pensions de retraite de MM. *Massol* et *Ferdinand Prévost* sont réglées ; la première au chiffre de 3,120 fr., la seconde au chiffre de 3,000 francs.
—	13	Mort de M. *Philastre*, peintre décorateur.

1858

Janv..	10	Rentrée de Mlle *Ferraris* dans LE CHEVAL DE BRONZE.
—	14	Représentation extraordinaire au bénéfice de M. *Massol*. Mme *Ristori* joue STUARDA. — ATTENTAT ORSINI.
Fév..	5	Début de Mlle *Désirée Artot* (rôle de *Fidès* dans le *Prophète*.
Mars.	17	LA MAGICIENNE, opéra en 5 actes, de M. *de Saint-Georges*, musique de M. *F. Halévy*.
Avril.	4	Mort de M. *Varin*, professeur de danse.
—	11	Par suite d'une indisposition de Mlle *Rosati*, la représentation de *la Somnambule* ne peut avoir lieu. — Mort de M. *Sarette*, fondateur et ancien directeur du Conservatoire de musique.
Mai...	1	Représentation extraordinaire au bénéfice de la Caisse des pensions de l'Opéra.
—	11	Représentation honorée de la présence de S. M. la Reine de Hollande.
—	19	Rentrée de M. *Roger* dans LE PROPHÈTE.
Juin..	6	Mort de Mlle *Jawureck*, ancienne artiste de l'Opéra.
Juillet	14	SACOUNTALA, ballet-pantomime en 3 actes, de MM. *Th. Gautier* et *L. Petipa*, musique de M. *Reyer*.
—	26	SAPHO, opéra en 2 actes, de M. *E. Augier*, musique de M. *Ch. Gounod*.
Août.	2	Début de M. *Cazaux* (rôle de *Guillaume Tell*).
—	21	Début de Mlle *Katrine Fiedberg* (rôle de *Thérèse* dans le ballet *la Somnambule*).
—	28	Représentation extraordinaire au bénéfice de M. *Roger*. LE TROUVÈRE, distribué comme suit : AZUCENA, Mme Lablache ; LÉONORE, Mme Ugalde ; MANRIQUE, M. Roger.
Sept..	6	Reprise de LA REINE DE CHYPRE.
—	17	Dernière représentation de Mme *Ferraris* (SACOUNTALA).
—	25	S. M. l'Empereur ordonne qu'une pension de 600 fr. soit accordée à la veuve du machiniste CUNY, si malheureusement tué à l'Opéra à la fin du spectacle du 20 courant. Ce machiniste tombé du cintre, meurt sur le coup.
Oct...	4	Début de Mlle *Audibert* (rôle d'*Azucena* dans le *Trouvère*).
—	20	Début de Mlle *Emma Livry* dans le ballet de LA SYLPHIDE (reprise).
Nov..	1	Mlle *Emma Livry* signe un engagement d'un an à raison de 1,000 fr. par mois.
—	21	Début de Mlle *Micheau* (rôle de *Mélusine* dans *la Magicienne*).
Déc..	1	Début de Mme *Caroline Barbot* (rôle de *Valentine* dans les *Huguenots*).

Mois.	Dat.	

1858

Déc.. **3** Mort à Fribourg de Mᶖᶥᵉ *Calinka-Heinefetter*, ex-artiste de l'Opéra.

— **9** Mᶖᶥᵉ *Ribault* épouse M. *Allès*, l'excellent flûtiste.

— **15** La municipalité de Passy décide que le boulevard qui borde la propriété de *Rossini* porterait le nom de *boulevard Rossini*.

— **22** Début de Mᶖᶥᵉ *Tomson* (rôle de *Mathilde* dans *Guillaume Tell*).

— **26** Représentation extraordinaire au bénéfice de la Caisse de pensions de l'Opéra.

1859

Janv... ....

Févr... ..

Mars. **4** HERCULANUM, opéra en 4 actes, de MM. *Méry* et *Hadot*, musique de *Félicien David*.

— **9** Mort au Caire de M. *Emile Lambert*, ancien directeur de l'Opéra.

— **22** Par ordre de S. M. l'Empereur, représentation extraordinaire (HERCULANUM) où ne sont admis que les 6,000 orphéonistes en ce moment à Paris.

— **25** Rentrée de Mᶖᶥᵉ *Saulnier* dans LA FAVORITE.

— **31** Mort à Auteuil de M. *Musard* père, célèbre chef d'orchestre de concerts et de bals masqués.

Avril. **13** Mort à Saint-Pétersbourg de Mᵐᵉ *Bosio*, la célèbre cantatrice.

— **17** Début de M. *Cazaux* (rôle de *Marcel* dans *les Huguenots*).

— **20** M. *Martin*, contrôleur en chef des dépenses des bâtiments de la Couronne, est nommé secrétaire général en remplacement de M. *Gustave Vaëz*, démissionnaire.—M. *Berlheché*, régisseur du Théâtre impérial italien, est nommé en remplacement de M. *Leroy*, démissionnaire.—Début de Mᶖᶥᵉ *Caillag* (rôle de *Fidès* dans *le Prophète*).

— **30** M. *Ballu*, second chef d'orchestre, prend sa retraite ; il est remplacé par M. *Deldevez*.

Mai.. **9** Rentrée de Mᵐᵉ *Ferraris* dans *la Somnambule*, ballet.

— **18** M. *Leroy* cesse ses fonctions de directeur de la scène ; il est remplacé par M. *Berlheché*.—M. *Leroy* entre à l'Opéra-Comique en qualité d'administrateur général.

— **27** Une prime de 5,000 fr. est accordée à M. *Félicien David*, auteur de la musique d'*Herculanum*.

— **30** Reprise des VÉPRES SICILIENNES.

Juin.. ..

Juill.. **21** M. *Roger*, le célèbre chanteur de l'Opéra, a le bras droit mutilé en allant à la chasse dans sa propriété de Villiers, château de Lalande.

— **29** Dernière représentation de Mᵐᵉ *Borghi-Mamo* (rôle de *Léonore* dans la *Favorite*). — Début de Mᶖᶥᵉ *Dorine Mérante* (un pas dans le ballet de la *Favorite*).— Mort de Mᵐᵉ *Cazol*, connue à l'Opéra sous le nom de Mᶖᶥᵉ *Joséphine Arnaud*.

Mois.	Dat.	

1859

Août.	3	Début de Mlle Hillen (rôle de Mathilde dans Guillaume Tell).
—	7	S. E. M. le ministre d'État nomme officiellement Mlle Taglioni inspecteur de toutes les classes de danse à l'Opéra.
—	16	Représentation PAR ORDRE au bénéfice des blessés de l'armée d'Italie.
—	31	L'affiche annonce la première représentation de ROMÉO ET JULIETTE. Une indisposition subite de la débutante, Mlle Vestrali, oblige l'administration à faire relâche.
Sept..	6	M. ARMANDI rompt son engagement.
—	7	ROMÉO ET JULIETTE, opéra en 4 actes, de M. Nuitter, musique de Bellini. — Début de Mlle Vestrali (rôle de Roméo).
—	23	Pendant la représentation de ROBERT LE DIABLE, Mlle Delille (la princesse) ne peut, après le second acte, continuer son rôle ; c'est Mlle Marie Dussy qui termine le rôle. Mlle Marie Dussy remplit dans la même soirée le rôle d'Alice.
—	30	Début de Mlle Amélie Rey (rôle de Rachel dans la Juive).
Octob..		
Nov..	2	Une indisposition subite de M. Renard force l'administration à faire Relâche. On devait jouer GUILLAUME TELL.
—	28	Début de M. Rondil (rôle du comte Luna dans le Trouvère).
Déc..	1	S. E. M. le ministre d'État prend un arrêté ordonnant qu'à l'avenir les costumes et les décorations du Théâtre impérial de l'Opéra devront être confectionnés avec les étoffes, toiles et bois préparés selon le système de M. CARTERON, qui a pour objet de rendre non inflammables les tissus et les bois préparés par lui.
—	5	Reprise de HERCULANUM avec Mlle Vestrali (rôle d'Olympia).
—	15	Représentation extraordinaire au bénéfice de M. Roger. M. Roger chante le 1er acte de la Dame blanche, le 1er tableau du 5e acte du Prophète, et le 4e acte de la Favorite.
—	30	L'affiche annonce HERCULANUM. Une indisposition subite de Mme Vestrali nécessite un changement de spectacle. On joue les trois premiers actes de Guillaume Tell.

1860

Janv..	16	Début de Mlle Marie Brunet (rôle de Valentine dans les Huguenots). Après le 3e acte, M. N. GIRARD, chef d'orchestre, est obligé d'abandonner la représentation. Transporté mourant chez lui, il expire une heure après.
—	19	M. Dietsch, chef du chant, chargé de la direction des chœurs, est nommé chef d'orchestre en remplacement de M. Girard. — M. Victor Massé est nommé chef du chant et des chœurs.
Févr..	29	Début de M. Michot (rôle de Fernand dans la Favorite.

1860

Mois.	Dat.	
Mars .	4	M. *Petipa*, artiste de la danse, est nommé professeur à la classe de perfectionnement à la place de M. *Gosselin*, décédé.
—	9	PIERRE DE MÉDICIS, opéra en 4 actes, de MM. *de Saint-Georges* et E. *Pacini*, musique du prince *Poniatowski*.
Avril.	15	Le *Moniteur* annonce officiellement la construction d'une salle d'Opéra au fond de la place projetée du boulevard des Capucines, au point de départ de la rue de Rouen.
Mai...	..	.. ..
Juin..	11	FÊTE NATIONALE. Annexe de la Savoie à la France (*Cantate*).
—	25	Mort de S. A. I. *le Prince Jérôme* (relâche).
—	27	Le nouveau diapason est mis en usage pour la première fois.
Juillet	9	SÉMIRAMIS, opéra en 4 actes, de M. *Méry*, musique de *Rossini*.—Débuts de Mlles *Carlotta* et *Barbara Marchisio*.
Août .	3	Débuts de Mme *Vandenheuvel-Duprez* et de Mme *Marie Sax* (rôles d'*Isabelle* et d'*Alice* dans *Robert*).
—	15	M. *Cormon*, auteur dramatique, et MM. *Aimé Maillart* et *Gevaert*, compositeurs de musique, sont nommés chevaliers de la Légion d'honneur.
—	18	Représentation extraordinaire au bénéfice des chrétiens de Syrie.
Sept..	9	Mort de M. *de Mercey*, chef de division des beaux arts au ministère d'Etat.
—	24	Mort de M. *Solomé*, ancien directeur de la scène de l'Opéra.
Oct...	12	Reprise du PROPHÈTE avec Mme *Tedesco*.
—	14	Représentation extraordinaire au bénéfice de la Caisse des pensions de l'Opéra.
—	22	M. *de Courmont* est nommé chef de division des beaux arts en remplacement de M. *de Mercey*, décédé.
—	23	Mort de Mme *Rabit*, ancienne cantatrice de l'Opéra.
Nov..	26	LE PAPILLON, ballet-pantomime en 2 actes, 4 tableaux, de Mme *Marie Taglioni* et de M. *de Saint-Georges*, musique de M. *J. Offenbach*.
Déc..	7	Le Théâtre impérial de l'Opéra fait représenter la cantate de M. *Paladilhe*, prix de Rome de cette année. *Ivan IV*.
—	8	Par décret impérial en date de ce jour, M. le comte *Bacciochi*, premier chambellan de Sa Majesté, surintendant des spectacles de la Cour, est nommé surintendant des Théâtres impériaux.
—	30	Le *Moniteur* publie l'arrêt de S. Exc. M. le ministre d'Etat qui ouvre un concours public pour la rédaction d'un projet d'Opéra à construire à Paris vis-à-vis la rue de la Paix.

1861

Janv..	6	Début de M. *Labat* (rôle d'*Eléazar* dans la *Juive*).
Fév. .	18	Le jury chargé de l'examen du concours pour la construction d'un nouvel Opéra termine son travail. Aucun

3

Mois.	Tat.	**1861**
		des projets n'est trouvé suffisant; le prix d'exécution ne peut être décerné. — Le projet n° 6 de M. *Jinain* obtient le prix de 6,000 fr.; le n° 31 de MM. *Crépinet* et *Boirel*, le prix de 4,000 fr.; les n°° 17, 29 et 33 obtienrent aussi des prix.
Févr..	20	Mort de M. *Eugène Scribe*.
Mars.	13	TANHAUSER, opéra en 3 actes, 4 tableaux, de M. *Richard Wagner*. Début de M. *Niemann*, ténor.
—	16	Mort de M⁰⁰ *Morlessu*, pensionnaire de l'Opéra (en retraite).
—	23	Concert donné par M. *Félicien David*.
—	25	GRAZIOSA, ballet-pantomime en 1 acte, de MM. *Derleyet* et *Pelipa*, musique de *Th. Labarre*.
—	27	Dernière représentation de M⁰⁰ˢ *Marchisio*.
Avril.	..	
Mai..	8	Reprise d'HERCULANUM.
—	21	Début de M. *Hayet* (rôle du *comte Ory*).
—	25	Représentation extraordinaire au bénéfice de la petite-fille de Rameau.
—	29	LE MARCHÉ DES INNOCENTS, ballet-pantomime en 1 acte, de M. *Pelipa*, musique de M. *Pugny*.
Juin..	17	Inauguration d'un nouveau système de rampe à l'Opéra.
—	21	Rentrée de M. *Belval* dans *Robert*.
—	27	Le projet de loi relatif à la construction de la nouvelle salle de l'Opéra est adopté par le Corps législatif. — 218 votants; 179 pour, 39 contre. M. *Garnier*, architecte.
Juillet	12	Le spectacle se compose de trois ballets : *la Vivandière, Graziosa* et *le Marché des Innocents*.
—	17	Rentrée de M⁰⁰ *Viardot* (rôle de *Fidès* dans le *Prophète*).
—	19	Incendie du magasin de décors à l'Opéra, rue Richer.
Août..	6	Représentation extraordinaire au bénéfice de M. *Pelipa*. Concours de M. *Tamberlik* et des artistes du Gymnase.
—	9	Début de M. *Dulaurens* (rôle de *Robert le Diable*), et de M⁰⁰ *Rey-Balla* (rôle d'*Alice*).
—	16	Dernière représentation de M⁰⁰ *Marie Pelipa*.
—	23	M⁰⁰ *Viardot* chante pour la première fois le rôle d'*Asucena* dans *le Trouvère*.
Sept..	8	Mort de M. *A. Ropiquet*, artiste de l'orchestre de l'Opéra, auteur de plusieurs œuvres pour le violon.
Octob.	14	Début de M. *Faure* (rôle de *Julien de Médicis*).
—	18	Pendant le ballet LE PAPILLON, M⁰⁰ *Emma Livry* se blesse assez grièvement pour ne pouvoir continuer son rôle.
—	20	Début de M. *Morère* (rôle de *Manrique* dans *le Trouvère*).
—	21	Reprise d'ALCESTE, tragédie lyrique en 3 actes, de *Bailly du Rollet*, musique de *Gluck*.
—	27	Reprise de HERCULANUM.
Nov..	20	L'ÉTOILE DE MESSINE, ballet-pantomime en 2 actes, 6 tableaux, de MM. *Paul Foucher* et *Borri*, musique de M. le comte *Gabrielli*.
—	23	Festival au bénéfice de la Caisse des pensions de l'Opéra.
Déc...	30	LA VOIX HUMAINE, opéra en 2 actes, de M. *Mélesville*, musique de M. *Alary*.

Mois.	Dat.	**1862**
Janv..	..	. . . .
Fév..	7	Début de Mᵐᵉ *Godfrend* (rôle d'*Azucena* dans le *Trouvère*).
—	28	LA REINE DE SABA, opéra en 4 actes, de MM. *Jules Barbier* et *Michel Carré*, musique de M. *Ch. Gounod*.
Mars.	12	Mort de M. *Gustave Vaez*, auteur dramatique, ancien administrateur de l'Opéra.
—	17	Mort à Nice de M. *F. Halévy*, compositeur de musique, secrétaire perpétuel de l'Académie.
Avril.	6	Dernière représentation de Mᵐᵉ *Viardot* (rôle de *Fidès* dans *le Prophète*).
Mai...	..	. . . .
Juin.,	20	Reprise de LA XACARILLA, opéra, et de LE DIABLE A QUATRE, ballet.
Juillet	3	Le Corps législatif accorde à Mᵐᵉ veuve *Halévy* une pension de 5,000 fr. à titre de récompense nationale.
—	14	Début de Mˡˡᵉ *M. Cinti-Damoreau*, fille de la célèbre cantatrice (rôle de *Mathilde* dans *Guillaume Tell*).
—	21	Pose de la première pierre de la nouvelle salle d'Opéra par S. Exc. le ministre d'État M. *Walewski*.
Août.	2	Mort de Mˡˡᵉ *Leblond*, ex-première danseuse de l'Opéra.
—	9	Représentation extraordinaire au bénéfice de la Caisse des pensions de l'Opéra.
—	23	Début de Mᵐᵉ *Dulaurens-Lequine* (rôle de la *Virandière* dans le ballet de ce nom).
Sept..	12	Début de M. *Peschard* (rôle du *Comte Ory*).
—	22	Début de M. *Caron* (rôle du *comte de Luna* dans *le Trouvère*). — Début de Mˡˡᵉ *Vernon* (rôle de *Gloriette* dans *le Marché des Innocents*).
Oct...	17	Reprise d'HERCULANUM.
Nov..	9	Début de M. *Bonnesseur* (rôle de *Saint-Bris*). — Au cinquième acte des *Huguenots*, Mᵐᵉ *Gueymard* se blesse assez fortement à la tempe.
—	15	Pendant la répétition de LA MUETTE DE PORTICI, au commencement du 2ᵉ acte, le feu prend aux vêtements de Mˡˡᵉ *Emma Livry*, qui est gravement brûlée.
—	24	M. *Mario* chante le rôle de *Raoul* dans *les Huguenots*. A la suite de la représentation, M. *Mario* résilie son engagement et en contracte un autre avec le Théâtre italien.
Déc..	3	M. *Mario* abandonne à la Caisse des pensions de l'Opéra ce qui lui revient pour la représentation des *Huguenots* dans laquelle il a chanté le rôle de *Raoul* (1,000 fr.)
—	8	Continuation des débuts de Mˡˡᵉ *Marie Vernon* (rôle de *Mazourka* dans le ballet *le Diable à quatre*).
—	10	M. *A. Royer*, directeur de l'Opéra, donne sa démission. — M. *Émile Perrin*, directeur du Théâtre impérial de l'Opéra-Comique, est nommé directeur de l'Opéra.
—	15	M. *Warot*, du Théâtre impérial de l'Opéra-Comique, passe à l'Opéra.
—	20	S. M. l'Empereur visite pour la première fois les travaux du nouvel Opéra.

1865

Mois.	Dat.	
Janv.	19	Reprise de LA MUETTE DE PORTICI, opéra en 5 actes, de M. *Auber*.
Fév..	8	Rentrée de M*** *Wertheimber* (rôle d'*Azucéna* dans *le Trouvère*).
—	25	Mort de M*** *Cinti-Damoreau*, née *Laure Cinthie-Montaland*.
Mars,	6	Début de M. *Warot*. LA MULE DE PEDRO, opéra en 2 actes, de M. *Dumanoir*, musique de M. *Victor Massé*.
—	20	Début de M. *Villaret* (rôle d'*Arnold* dans *Guillaume Tell*).
—	21	Représentation extraordinaire au bénéfice de M*** *Ferraris*.
—	23	Mort à Béziers de M. *Serda*, ancienne basse de l'Opéra.
Avril.	6	Réouverture de la salle après réparations. — Inauguration du nouveau plafond et du nouvel éclairage.
—	11	Mort de M. *Comte-Brochard* des suites d'une attaque d'apoplexie pendant une répétition du *Comte Ory*.
Mai..	8	Début de M*** *Mouravieff* (rôle de *Giselle* dans le ballet de ce nom.
—	9	Représentation au bénéfice de la Caisse des pensions.
—	19	Reprise du COMTE ORY.
Juin..	23	Par décret en date de ce jour, les bureaux des beaux arts sont distraits du ministère d'État et sont placés dans les attributions du ministère de la maison de l'Empereur et des beaux-arts.
Juillet	1	M. le comte *Bacciochi* est nommé surintendant général des théâtres. — M. *Camille Doucet* est nommé directeur de l'administration des théâtres au ministère de la maison de l'Empereur et des beaux-arts.
—	3	Début de M*** *Dory-Rollger* (rôle d'*Azucéna* dans le *Trouvère*). — Rentrée de M. *Nichol*.
—	6	DIAVOLINA, ballet-pantomime en 1 acte, de M. *Saint-Léon*, musique de M. *Pugny*.
—	20	Reprise des VÊPRES SICILIENNES.
—	21	M. *Georges Hainl* est nommé chef d'orchestre en remplacement de M. *Dietch*.—M. *Georges Hainl* conduit pour la première fois LES VÊPRES SICILIENNES.
—	26	Mort de M*** *Emma Livry* (Emarot), premier sujet de la danse, des suites des brûlures du 15 novembre 1862.
Août.	4	Mort de M. *Canaple*, artiste du Théâtre impérial de l'Opéra.
—	25	Le conseil municipal de la ville de Paris décide que le prolongement de la rue Mogador porterait le nom de *rue Scribe*.
—	28	Début de M*** *Tietjens* (rôle de *Valentine* dans les *Huguenots*).
Sept.	7	Rentrée de M*** *Wertheimber* (rôle d'*Azucéna* dans le *Trouvère*).
—	13	Dernière représentation de M*** *Mouravief*.
Oct...	5	Rentrée de M. *Merli* (rôle de *Guillaume Tell*).
—	10	Mort de M. *Damoreau*, ancien artiste lyrique, mari de la célèbre cantatrice.
Nov..	19	S. M. l'Empereur accorde sur sa cassette particulière, à la mère de M*** *Emma Livry*, une pension de 6,000 fr. et une somme de 4,000 fr. pour frais de maladie de sa fille.

1863

Mois.	Dat.	
Nov..	23	Début de Mme *Talvo-Bedogni* (r. de *Léonor* dans *la Favorite*).
Déc..	28	MOÏSE, opéra en 4 actes, de M. *de Jouy*, musique de *Rossini* (reprise). — Début de Mlle *Marie Battu* (rôle d'*Anaï* dans *Moïse*), et de Mlle *Fiorelli* (danse).

1864

Janv..	..	
Févr..	19	LA MASCHERA ou UNE NUIT À VENISE, ballet-pantomime en 3 actes, 6 tableaux, de MM. *de Saint-Georges* et *Rota*, musique de M. *Giorza*. — Début de Mlle *Amina Boschetti* (rôle de *Lucilla*).
Mars.	9	LE DOCTEUR MAGNUS, opéra en 1 acte, de MM. *Michel Carré* et *Cormon*, musique de M. *E. Boulanger*. — Début de Mlle *Levielli*.
Avril.	22	Rentrée de Mlle *Mouraview* dans le ballet de *Giselle*.
—	30	Représentation extraordinaire au bénéfice de la Caisse de secours des auteurs et compositeurs dramatiques.
Mai...	2	Mort de G. *Meyerbeer*.
—	27	Début de Mme *Marie Pascal* (rôle de *Mathilde* dans *Guillaume Tell*).
Juin..	8	Reprise des VÊPRES SICILIENNES. M. *Warot* chante pour la première fois le rôle d'*Henri*.
—	13	Rentrée de M. *Sapin* dans LE TROUVÈRE (*Manrique*).
—	15	Début de M. *David* (rôle de *Bertram* de *Robert*).
—	22	Début de Mlle *Camille de Maësen* (rôle de *Marguerite* dans *les Huguenots*).
—	27	Rentrée de M. *Dumestre* (rôle de *Guillaume Tell*).
Juillet	1	Inauguration de la Liberté des Théâtres.
—	8	Rentrée de M. *Morère* (rôle de *Robert le Diable*).
—	11	NÉMÉA ou L'AMOUR VENGÉ, ballet en 2 actes, de MM. *Meilhac*, *Ludovic Halévy* et *Saint-Léon*, musique de M. *Minkous*.
—	31	S. M. l'Empereur écrit à M. le maréchal *Vaillant*, ministre de sa maison et des beaux-arts, une lettre dont le but est d'engager M. le Préfet de la Seine à hâter la construction du nouvel *Hôtel-Dieu*, ne voulant pas, ajoute Sa Majesté, que le monument consacré au plaisir (*le nouvel Opéra*) s'élève avant l'asile de la souffrance.
Août.	5	Représentation PAR ORDRE honorée de la présence de S. M. le Roi des Belges.
—	12	En conséquence des vœux exprimés par *Meyerbeer*, un traité est signé entre Mme veuve *Meyerbeer* et M. *Emile Perrin*, directeur de l'Opéra, au sujet de L'AFRICAINE.
—	15	Fête nationale de S. M. l'Empereur. — *Rossini* est promu au grade de grand-officier dans l'Ordre impérial de la Légion d'honneur.
—	18	Représentation de GALA en l'honneur de S. M. le Roi d'Espagne. — *Néméa*.
—	20	Représentation solennelle donnée sur le Théâtre du palais de Versailles devant LL. MM. II. et R. l'Empereur, l'Impératrice et le Roi d'Espagne (pas des *Vêpres siciliennes* et de *Giselle*).

3.

Mois.	Dat.	

1864

Août. 23 Première entrevue à l'Opéra de M. *Fétis*, directeur du Conservatoire de Bruxelles, et de M. *Émile Perrin*, au sujet de L'AFRICAINE.

Sept.. 5 Début de Mᵐᵉ *Sannier* (rôle de *Léonor* dans la *Favorite*).

— 23 Dernière représentation de Mᵐᵉ *Mourawief*.

Oct... 3 ROLAND A RONCEVAUX, opéra en 4 actes, de M. A. *Mermet*, paroles et musique.

— 10 Une indisposition de M. *Gueymard* empêche la 1ʳᵉ représentation de ROLAND. — Cet ouvrage est remplacé par LA FAVORITE.

Nov.. 17 Représentation extraordinaire au bénéfice de M. *Bouffé*, ancien artiste du Gymnase. — Concours d'artistes de divers théâtres. M. *Bouffé* joue LA FILLE DE L'AVARE.

— 18 Exécution de la cantate de M. *V. Sieg*, premier prix de Rome de cette année. IVANHOÉ, paroles de M. *Roussy*.

Déc.. 3 Engagement d'un ténor inconnu dont l'Opéra doit faire l'éducation avant de le faire débuter.

— 1 Rentrée de Mᵐᵉ *Battu* dans MOÏSE.

— 21 Début de Mᵐᵉ *Salvioni* (rôle de *Lucille* dans le ballet la *Maschera*.

— 25 Représentation extraordinaire au bénéfice de la Caisse de secours de l'Opéra. ROLAND A RONCEVAUX.

1865

Janv.. 27 Mort à Versailles de M. *Valentino*, ancien chef d'orchestre de l'Opéra, 78 ans.

Févr.. 15 M. *Camille du Locle* succède à M. *Paul d'Hormoys* en qualité de secrétaire de l'administration.

— 20 Mort subite de M. *Diesch*, ex-chef d'orchestre de l'Opéra.

Mars. .. . . . .

Avril. 6 M. *Camille Doucet*, auteur dramatique et directeur des théâtres au ministère de la Maison de l'Empereur et des Beaux-Arts, est nommé membre de l'Académie française (fauteuil d'Alfred de Vigny).

— 23 Grande répétition générale de l'*Africaine*.

— 24 *Relâche* pour répétition générale de l'*Africaine*.

— 28 L'*Africaine*, opéra en 5 actes, œuvre posthume d'*E. Scribe*, et de *G. Meyerbeer*.—Début de M. *Naudin*, rôle de Vasco de Gama.

Mai. 2 M. *Vauthrot*, chef du chant à l'Opéra, est nommé professeur de chant au Conservatoire impérial de musique en remplacement de M. *Fontana*, démissionnaire.

— 16 *Grand Concert* par la Société des concerts du Conservatoire au bénéfice de l'Œuvre des Amis de l'enfance.

— 17 Mort à Turin de M. *Rota*, chorégraphe célèbre.

— 19 Mort à Saint-Germain-en-Laye de M. *Montjoie*, ancien maître de ballet de l'Opéra.

— 21 Représentation extraordinaire au bénéfice de la Caisse des pensions des artistes et employés de l'Opéra (l'*Africaine*).

Juin.. 10 Retour de S. M. l'Empereur de son voyage en Algérie.— Tous les théâtres illuminent leurs façades.

DISTRIBUTION
DE TOUS LES OUVRAGES DU RÉPERTOIRE
Depuis le 1er Janvier 1855 jusqu'au 30 Juin 1865
classés par ordre de Représentation.

NOTA.—Les Nouveautés seules (indiquées par un *) donnent les noms des Créateurs des Rôles.—Les autres Ouvrages donnent les distributions les plus rapprochées.

LA MUETTE DE PORTICI.

Opéra en 5 actes, de E. Scribe et G. Delavigne. — Musique d'Auber.

Mazaniello.... MM. Gueymard.
Pietro. .... Cazaux.
Borella. .... Borchardt.
Moreno............ Noir.
Alphonse. .... Dulaurens.
Selva.............. Bonnesseur.
Lorenzo.. .... Kœnig.
Elvire........ Mme V. Duprez.
Fenella............ Vernon.
Dame d'honneur.... Saint-Aguet.

1er ACTE. — LA GUARRACHE
Mlles Stoïkoff, Parent, Bartle, Rousseau.

LE BOLERO.
Mlles Villiers, Pilvois, Mucier.
MM. Remond, Bertrand, Jules.

3e ACTE. — PAS NOUVEAU..
MMlles L. Fonta, Pilatte, Villeroy, Sanlaville, Alias, Leroy, Rust, Volter et Jousset-Brach.

LA TARENTELLE.
Mlles Mercier, Carabin, Pilvois; MM. Coralli, Estienne, Cornet, Petit, Lefèvre.

1er Représentation le 29 fév. 1828

LA FAVORITE.

Opéra en 4 actes, de MM. Scribe, A. Royer et G. Vaëz.—Musique de Donizetti.

Fernand.......MM. Michot.
Alphonse........... Faure.
Balthazar.......... Cazaux.
Gaspard.......... Kœnig.
Un Seigneur....... Donzel.
Léonor........ Mme Gueymard L.
Inès.............. Saint-Aguet.

LA GADITATA.

Mlles Pilvois, Parent, Fioere, Lamy, Villeroy, Montaubry, Rust, Pilatte, Leroy.

1er Représentation le 2 déc. 1840

LE PHILTRE.

Opéra en 3 actes, de E. Scribe, — Musique d'Auber.

Guillaume.....MM. Hayet.
Jolicœur........... Roudil.
Fontanarose .... Coulon.
Thérésine...... Mmes Itamakers.
Jeannette.......... Saint-Aguet.
Une Paysanne...... Granier.

1er Représentation le 13 oct. 1831

LA FONTI.

Ballet-pantomime en 2 actes, six tableaux, de M. Mazillier.—Musique de M. Th. Labarre.

Montéléone....MM. Petipa.
Carlino........... Merante.
Maître de ballets... Berthier.
Le Gouverneur..... Dauty.
Le Marquis........ Lenfant.
Le Notaire......... Cornet.
Le Coiffeur .... Vandris.
La Fonti...... Mmes Rosati.
Inès.............. Forli.
Zerline........... Emarot.
La Princesse....... Aline.
L'Amour........... Schlosser.
Deux Suivantes ... { Mercier. Poussin.

DANSE.

MM. Minard, H. Mazillier ;
Mlles Caroline, Nathan, Pierron,
Lacoste, Villiers.

1re Représentation le 8 janv. 1855

LES HUGUENOTS.

Opéra en 5 actes, d'E. Scribe. —
Musique de Meyerbeer.

Raoul ....MM. Gueymard.
Nevers .... Faure.
Saint-Bris .... Cazaux.
Marcel............. Belval.
Boisrosé........... Kœnig.
Maurevel........... Fréret.
Moine............. Tissère.
Léonard .... Cléophas.
Crieur............ Mechelaëre.
Un Seigneur....... Aimés.
De Retz........... Porthehaut.
Valentine........Mme Marie Sax.

DANSE. (3e Acte.)

Mmes Nathan, Marquet, Beaugrand;
MM. Beauchet, Rémond, Cornet,
Lefèvre, Jules.

1re Représentation le 29 fév. 1836

ROBERT LE DIABLE.

Opéra en 5 actes, d'E. Scribe et G. De-
larigue. — Musique de Meyerbeer.

Robert........MM. Gueymard.
Bertram........... Belval.
Raimbaud......... Grisi.
Alberti........... Noir.
Un Majordome..... Kœnig.
Héraut d'armes.... Tissère.
Un Moine.......... Fréret.
Le Roi............ Lefèvre.
Un Aumônier...... Millot.
Le prince de Grenade Estienne.
Alice...........Mmes Marie-Sax.
Isabelle........... Hamakers.
L'Abbesse.......... Zina.
Une Dame........ Granier.

DANSE. (2e Acte.)

Mmes Zina, Pilatte, Parent, Baratte, Lomy, Stoïkoff.

1re Représentation le 21 nov. 1831

LA VIVANDIÈRE.

Ballet-pantomime en un acte, de Saint-
Léon. — Musique de Pugni.

La Vivandière..Mme Zina.
La Baronne......... Marquet.
La femme du maire. Aline.
Le Postillon....MM. Chapuy.
Le Baron.......... Coralli.
Le Maire.......... Berthier.
Un Postillon....... Cornet.
Un Aubergiste..... Estienne.
Un Courrier....... Millot.

PAS DE L'INCONSTANCE.

Mme Zina; MM. Coralli, Chapuy.

PAS DE DEUX.

Mme Zina et M. Chapuy.

PAS DE SIX.

Mmes Zina, Savel, Rousseau, Nathan, Mercier; M. Chapuy.

1re Représentation le 20 oct. 1848

LUCIE DE LAMMERMOOR.

Opéra en 4 actes, de MM. A. Royer et
G. Vaez. — Musique de Donizetti.

Edgard........MM. Michot.
Asthon............ Bonnehée.
Arthur............ Aimés.
Gilbert........... Kœnig.
Lucie..........Mme Hamakers.

1re Repr. à l'Opéra le 20 fév. 1846

LA XACARILLA.

Opéra en un acte, d'E. Scribe. —
Musique de Marliani.

Rita...........MM. de Taizy.
Lazarillo. .... Godfrend.
Nitardo........... Porthehaut.
Cajuello. .... Bonnesseur.
Un Contrebandier.. Kœnig.

1re Représentation le 28 oct. 1839

LE DIABLE A QUATRE.

Ballet-pantomime en 3 actes, de MM. de Leuven et Mazillier. — Musique de A. Adam.

Le comte...... MM. Petipa.
Mazourki........... Berthier.
L'Aveugle .... Lenfant.
Maître de danse.... Coralli.
Yvan.............. Rémond.
Maître d'Hôtel..... Cornet.
Mazourka..... Mᵐᵉ Mⁱˢˢ Vernon.
La Comtesse....... Zina.
Yelva............. Nathan.
Un Génie.,........ Rousseau.

1ᵉʳ ACTE. — PAS DE TROIS.
Mⁱⁱᵉˢ Nathan, Savel; M. Rémond.

PAS NOUVEAU.
Mᵐᵉˢ Marie Vernon, Stoïkoff, Pilvois, Parent, Baratte.

MAZOURKA.
Mⁱⁱᵉˢ Marquet et Schlosser.

2ᵉ ACTE. — POLSKI-MAZUR.
Mᵐᵉˢ Marie Vernon; M. Coralli.

PAS DE DEUX.
Mᵐᵉ Zina; M. Mérante.

PAS DE VINGT.
Mⁱⁱᵉˢ Rousseau, Mercier, etc.

—

1ʳᵉ Représentation le 11 août 1845

LA JUIVE.

Opéra en 5 actes, d'E. Scribe. — Musique de F. Halévy.

Eléazar........ MM. Villaret.
Léopold .... Warot.
Brogni .... Belval.
Le grand prévôt.... Bonnesseur.
Albert............ Cléophas.
Homme du peuple. Kœnig.
Idem........... Aimès.
Idem........... Fréret.
Idem..:........ Tissère.
Idem........... Michelaëre.
Un crieur.......... Noir.
L'Empereur .... Estienne.
L'Enchanteur...... Lefèvre.
Un moine .... Millet.
Un hérault........ Montfallet.
Rachel .....MMᵐᵉˢ Marie Saxe.
Eudoxie...,...... Hamakers.

1ᵉʳ ACTE.
MM. Berthier, Rémond, Mⁱⁱᵉˢ Pilatte et Mercier.

3ᵉ ACTE.
Mⁱⁱᵉˢ Villiers, Savel, Parent, Beaugrand, Baratte.

—

1ʳᵉ Représentation le 23 fév. 1835

LE PROPHÈTE.

Opéra en 5 actes, d'E. Scribe. — Musique de Meyerbeer.

Jean. .... MM. Gueymard.
Zacharie........... Belval.
Oberthal .... Borchardt.
Un paysan......... Fréret.
Jonas .... Kœnig.
Mathisen. .... Guignot.
Un soldat......... Aimès.
Un officier........ Tissère.
Un paysan......... Cléophas.
Fidès....... MMᵐᵉˢ Tedesco.
Berthe........... Hamakers.
Enfant de chœur... Granier.
Idem........... Christian.

3ᵉ ACTE (LA BEDOWA).
M. Beauchet, Mⁱⁱᵉ Savel.

QUADRILLE DES PATINEURS.
Le galop par
M. Rémond et Mⁱⁱᵉ Caroline.

FINAL.
MM. Estienne, Cornet, Carré, Jules, Millot, Mᵐᵉˢ Rousseau, Mercier; Stoïkoff, Pilvois.

—

1ʳᵉ Représentation le 16 avril 1849

JOVITA.

Ballet en 2 actes, 3 tableaux, de M. Mazillier. — Musique de M. Th. Labarre.

Jovita .... Mᵐᵉ Rosati.
Inès............. Emarot.
Catalina.......... Caroline.
Amalia .... Villiers.
Zubillaga..... MM. Petipa.
Cardoval........ Berthier.
Altamirano....... Mérante.

Alvar.............MM. Beauchet.
Cavallinès............. Lenfant.
Gil.................... Petit.
Carlos.............. Cornet.
Un Seigneur........ Millot.

1er ACTE. — PAS DE TROIS.

Mlles Emarot, Caroline, Villiers.

PAS DE DEUX.

Mlle Rosati, M. Mérante.

2e ACTE. — PAS DU FUSIL.

Mme Rosati.

PAS COMIQUE.

Mlle Caroline, M. Berthier.

—

1re Représentation le 11 nov. 1853

---

*LES VÊPRES SICILIENNES.

Opéra en 5 actes, de E. Scribe et
Duveyrier. — Musique de Verdi.

Hélène..........Mlle Cruvelli.
Ninetta............. Saunier.
Henri..........MM. Gueymard.
Procida............. Obin.
Guy de Montfort.... Bonnehée.
Robert............. Marié.
Danielli........... Boulo.
De Vaudemont....: Guignot.
De Béthune........ Coulon.
Mainfroi........... Kœnig.
Thibault........... Aimès.
Coryphée........... Noir.

3e ACTE. — LES SAISONS
(Divertissement).

L'Hiver.........Mlle Legrain.
Le Printemps..... Couqui.
L'Été............. Nathan.
L'Automne........ Beretta.
Un Faune.......M. Bauchet.

2e ACTE. — TARENTELLE.

Mlle Caroline; M. H. Mazillier.

—

1re Représentation le 13 juin 1855

---

*SAINTE-CLAIRE.

Opéra en 3 actes, de M. Gustave Oppelt,
Musique de F. D. de S. C.

Charlotte......Mme Lafont.
Berthe............ Marie Dussy.

Victor...........MM. Roger.
Alexis Ezarevitch.. Merly.
Aurelius........... Marie.
De Laborde........ Belval.
L'archimandrite.... Guignot.
Hébert............. Coulon.
Chef de sbires,.... Cleophas.

1er ACTE.

Mmes Forli, Caroline, Nathan;
MM. Mérante, Minard, H. Mazillier.

3e ACTE.

Mlles Beretta, Couqui, Bagdanoff,
Legrain, Plunkett, Rosati;
M. Beauchet.

—

1re représentation le 27 sept. 1855

---

*PANTAGRUEL.

Opéra en 3 actes, de M. H. Trianon.—
Musique de M. Th. Labarre.

Pantagruel.... Mmes Poinsot.
Nicette............. Laborde.
Panurge.......MM. Obin.
Dindenault........ Boulo.
Gargantua......... Belval.
Jean Jeudy........ Marié.
Thibault........... Kœnig.
Pansart........... Sapin.
Riflamberge...... Pisarello.

—

1re Représentation le 24 déc. 1855

---

* LE CORSAIRE.

Ballet-Pantomime en 3 actes, 5 tableaux,
de MM. de Saint-Georges et Mazillier.
— Musique d'Ad. Adam.

Medora.........Mmes Rosati.
Gulnare........... Couqui.
Zulmea............ L. Marquet.
Conrad........MM. Ségarelli.
Isaac Lanquedem..: Berthier.
Birbanto.......... Fuchs.
Seyd.............. Danty.
Chef des Eunuques. Petit.

1er ACTE. — PAS DE CINQ.

Mmes Caroline, Nathan, Quériaux,
Legrain, Marquet.

BACCHANALE DES CORSAIRES.

Mᵐᵉˢ Pierron, Villiers, Rousseau, Savel, M. Fuchs.

2ᵉ ACTE.

Mᵐᵉ Rosati.

—

1ʳᵉ Représentation le 23 janv. 1856

LE MAITRE CHANTEUR
(Maximilien.)

Opéra en 3 actes, de M. H. Trianon.— Musique de Limnander.

Rodolphe......MM. Puget.
Gunther............ Marié.
Risler .... Guignot.
Le maître chanteur. Obin.
Le Langrave....... Coulon.
Godfried........Mᵐᵉˢ Damazon.
Marguerite .... Marie Dussy.

1ʳᵉ Représentation le 17 oct. 1853

LA REINE DE CHYPRE.

Opéra en 5 actes, de M. de Saint-Georges. — Musique de F. Halévy.

Catarina.......Mᵐᵉˢ Borghi-Mamo
Gérard.......MM. Roger.
Lusignan........... Bonnehée.
Andréa........... Coulon.
Moncenigo........ Marié.
Un hérault....... Porthehaut.
Strozzi............ Kœnig.
Un seigneur....... Sapin.

1ᵉʳ ACTE. — PAS DE TROIS.
Mᵐᵉˢ Caroline, Villiers, M. Rémond

3ᵉ ACTE. — LES COURTISANES.
Mᵐᵉˢ Mauperin, Poussin, Simon, Rousseau.

4ᵉ ACTE. — LA CHYPRIOTE.
Mᵐᵉˢ Nathan, Schlosser, Cillier, MM. Beauchet, Cornet, Jules.

1ʳᵉ Représentation le 22 déc. 1841

• LES ELFES.

Ballet-Pantomime en 3 actes, de MM. de Saint-Georges et Mazillier. — Musique de M. le comte Gabrielli.

La Sylue.....Mᵐᵉˢ Ferraris.
La Reine des Elfes. Legrain.

Bathilde.......Mᵐᵉˢ L. Marquet.
Une Elfe.......... Nathan.
Albert..........MM. Petipa.
Frédéric.......... Segarelli.
Le grand électeur.. Lenfant.

1ᵉʳ ACTE. — PAS DE DEUX.
Mᵐᵉ Taglioni, M. Mérante.

PAS DE DEUX CARACTÈRES.
Mˡˡᵉ Caroline, M. H. Mazillier.

PAS DE L'ANIMATION.
Mᵐᵉ Ferraris.

2ᵉ ACTE. — PAS DE TROIS.
Mᵐᵉˢ Ferraris, Marquet, M. Petipa.

PAS DE QUATRE.
Mˡˡᵉˢ Beretta, Couqui;
MM. Beauchet et Chapuy.

PAS DE TROIS DE CARACTÈRE.
Mᵐᵉˢ Ferraris, Marquet, M. Petipa.

3ᵉ ACTE. — RONDE FANTASTIQUE DES ELFES.
Mᵐᵉˢ Ferraris, Villiers, Savel, Carabin, Rousseau.

—

1ʳᵉ Représentation le 11 août 1856

GUILLAUME TELL.

Opéra en 4 actes, de Jouy et H. Bis. — Musique de Rossini.

Mathilde...... Mᵐᵉˢ Marie Pascal
Jemmy .... Hamakers.
Hedwige .... Godfrend.
Arnold.......MM. Villaret.
Walter............ Belval.
Guillaume Tell.... Faure.
Ruodi............. Grisi.
Mecthal........... Mechelaère.
Gesler............ Bonnesseur.
Rodolphe.......... Koenig.
Leuthold .... Cleophas.
Un chasseur....... Fréret.
Un pasteur........ Noir.

1ᵉʳ ACTE. — PAS DES FIANCÉS (20 Dˡˡᵉˢ)
Mᵐᵉˢ Pilvois, Rousseau, Baratte; MM. Rémond, Bertrand, Jules.

FINAL.
Mˡˡᵉˢ Pivère et Pilatte.

3ᵉ ACTE. — LA TYROLIENNE.
Mᵐᵉˢ Beaugrand, Parent; M. Chapuy.

—

1ʳᵉ Représentation le 3 août 1829

* LA ROSE DE FLORENCE.

Opéra en 3 actes, de M. *de Saint-Georges.*
— Musique de M. *Biletta.*

Aminta.........Mlle	Moreau Sainti
Julia...............	Delisle.
Téobaldo......MM.	Roger.
Le duc de Palma...	Bonnehée.
Bustamante........	Derivis.
Cesario............	Guignot.

—

1re Représentation le 10 nov. 1856

* LE TROUVÈRE.

Azucéna.......Mmes	Borghi-Mamo
Léonore..........	Lauters.
Inès..............	Dameron.
Manrique......MM.	Gueymard.
De Luna..........	Bonnehée.
Fernand..........	Derivis.
Ruiz.............	Cleophas.
Un bohémien......	Fréret.
Un Messager......	Cleophas.

3e ACTE. — LA GITANILLA.

Mlles Poussin, Schlosser, Mauperin, Cellier, Simon, Troisvallets, Pilvois, Fontaine; MM. Millot, Rémond.

LA VIVANDIÈRE.

Mlle Zina, M. Mérante.

PAS DE LA BOHÉMIENNE.

Mlle Legrain.

—

1re Représentation le 12 janv. 1857

* MARCO SPADA.

Ballet-Pantomime en 3 actes et 5 tableaux, de *Mazillier.* — Musique d'*Auber.*

Angela........Mmes	Rosati
La Marchesa.......	Ferraris.
Amaglia...........	Marquet.
Un page..........	Letourneur.
Rebecca..........	Aline.
Federici......MM.	Petipa.
Fra Boromeo......	Berthier.
Le Comte Pepinelli.	Mérante.
Le Prince Osorio...	Lenfant.
Marco Spada......	Segarelli.
Geronio..........	Corali.
Un Franciscain....	Millot.
Lieut. de bandits..	Estienne.
Le Podesta........	Cornet.

1er ACTE.

PAS D'ACTION. — Mme Ferraris.

VALSE. — Mmes Ferraris, M. Mérante.

TARENTELLE.

Mlles Carolino, Morando, Villiers; M. Mazilier.

LEÇON DE DANSE.

Mmes Ferraris, Rosati; M. Mérante.

2e ACTE. — PAS DE DEUX.

Mme Rosati et M. Petipa.

Mlles Villiers, Carabin, Rousseau, Mauperin, et six Coryphées.

3e ACTE.

Mme Ferraris, Mlles Rosati, L. Marquet, Aline et M. Corali.

TARENTELLE.

Les dames Coryphées.

—

1re Représentation le 1er avril 1857

*FRANÇOIS VILLON.

Opéra en 1 acte, de M. *Col.* — Musique d'*E. Membrée.*

Aïka.........Mlle	Delisle.
F. Villon.....MM.	Obin.
Hewart...........	Boulo.
Jean Gauthier......	Guignet.
Gossoyn..........	Sapin.

—

1re Représentation le 20 avril 1857

ORFA.

Ballet-pant. en 2 actes, de M. *Mazillier.*
Musique d'*A. Adam.*

Orfa..........Mmes	Ferraris.
Deux mères...... {	Aline. Laurent.
La Gourmandise...	Emarot.
La Luxure........	Moncelet.
L'Orgueil........	Marquet.
La Paresse.......	Mauperin.
L'Envie..........	Rousseau.
La Jalousie.......	Cellier.
La Colère........	Simon.
Ledbrog..........	Petipa.
Loki.............	Berthier.
Odin.............	Lenfant.
Deux pères....... {	Montfallet. Millot.
Le grand-prêtre....	Estienne.

1ᵉʳ ACTE. — PAS DE TROIS.
Mˡˡᵉˢ Nathan, Morando, Villiers.

PAS DE DEUX.
Mˡˡᵉ Ferraris, M. Beauchet.

MAZOURKA.
Mˡˡᵉ Caroline, M. Corali.

2ᵉ ACTE. — LES PASSIONS.
Mˡˡᵉˢ Marquet, Moncelet, Emarot.

PAS DE DEUX.
Mˡˡᵉ Ferraris, M. Petipa, Mˡˡᵉˢ Pilvois, Cellier, Mauperin, Simon.

1ʳᵉ Représentation le 29 déc. 1852

LE COMTE ORY.

Opéra en 2 actes, de E. Scribe et D. Poirson
Musique de Rossini.

La comtesse...Mᵐᵉ de Maësen.
Isolier............. Hamakers.
Dame Ragonde .... Godfrend.
Alice.............. Levieilli.
Une dame.......... Christian.
Le comte Ory. MM. Warot.
Le gouverneur..... Cazaux.
Raimbaud.......... Bonnesseur.
Girard............. Kœnig.
Mainfroy .... Portheaut.

—

1ʳᵉ Représentation le 28 avril 1828

LE CHEVAL DE BRONZE.

Opéra en 4 actes, d'E. Scribe. — Musique
d'Auber.

Tao-Jin..........Mᵐᵉˢ Mor.-Sainti.
Peki.............. Marie Dussy.
Stella............ Delisle.
La Mangli......... Dameron.
Delia............. Ferraris.
Tchin-Kao.....MM. Obin.
Tsing-Sing........ Marié.
Yanko............. Boulo.
Yauk............. Sapin.
Un Jongleur....... Beauchet.

1ᵉʳ ACTE. — PAS DE CINQ.
Mˡˡᵉˢ Caroline, Morando, Carabin, Schlosser. M. Beauchet.

3ᵉ ACTE. — PAS DE LA SÉDUCTION.
Mᵐᵉˢ Ferraris, Rousseau, Poussin, Mauperin, Cellier.

4ᵉ ACTE. — PAS DE DEUX.
Mᵐᵉ Ferraris, M. Mérante.

—

1ʳᵉ Représentation le 21 sept. 1857

LA SOMNAMBULE.

Ballet-pantomime en 3 actes, d'E. Scribe
et Aumer. — Musique d'Hérold.

Thérèse........Mᵐᵉ Rosati.
Mˡˡᵉ Gertrude...... Caroline.
Olivier............ Rousseau.
Marceline......... Schlosser.
La mère Michau... Aline.
Le notaire.....MM. Berthier.
Elmond............ Mérante.
De Saint-Rambert.. Coralli.

1ᵉʳ ACTE. — PAS DE SIX.
Mˡˡᵉˢ Rousseau, Schlosser, Cellier, Mauperin. MM. Rémond, Cornet.

PAS DE TROIS.
Mˡˡᵉˢ Rosati, Caroline; M. Mérante.

PAS DE DEUX.
Mˡˡᵉ Rosati, M. Mérante.

2ᵉ ET 3ᵉ ACTES. — SCÈNES DE SOMNAMBULISME.
Mˡˡᵉ Rosati.

—

1ʳᵉ Représentation le 19 sept. 1827

LE BAL MASQUÉ DE GUSTAVE.

Musique d'Auber.

PAS CHINOIS.
Mˡˡᵉˢ Caroline, Morando, Mauperin, Schlosser; M. Rémond.

PAS NOUVEAU.
MMˡˡᵉ Zina, M. Priant.

PAS DU CHEVAL DE BRONZE.
Mᵐᵉˢ Ferraris, Rousseau, Poussin, Cellier, Mauperin; M. Mérante.

—

La première représentation de GUSTAVE, ou le Bal masqué, de E. Scribe, musique d'Auber, a eu lieu le 27 février 1833.

4

* LA MAGICIENNE.

Opéra en 5 actes, de M. de Saint-Georges.
Musique de F. Halevy.

Meluzine......	M᫿ Borghi-Mamo
Blanche	Gueymard.
Aoïs.............	Delisle.
Une dame.........	Bengraff.
Réné.........	MM. Gueymard.
Stello de Nici......	Bonnehée.
Comte de Poitou...	Belval.

1ᵉʳ ACTE — LES FILLES DE LA NUIT.

2ᵉ ACTE.— LES 3 ECHECS.

Cavalier Sarrazin	M᫿	Poussin.
—	Chrétien..	Schlosser.
—	Chrétien..	Cellier.
—	Sarrazin..	Mauperin.
Reine Sarrazine...		Simon.
Reine chrétienne...		Mercier.
Fou Chrétien..	MM.	Rémond.
—	Sarrazin......	Cornet.
—	Chrétien......	Carey
—	Sarrazin......	Lecerf.
Roi chrétien.......		Lefèvre.
Joueur...........		Millot.
Roi Sarrazin		Bion.
Joueur...........		Josset.

PAS DE DEUX.

Mᵉ Zina, M. Mérante.

Mᵉˢ Schlosser, Poussin, Cellier,
Mauperin.

1ᵉ Représentation le 17 mars 1858

MOISE.

Opéra en 3 actes, de Jouy. — Musique de
Rossini.

Anaï.........	M᫿	Marie Battu.
Sinaïde...........		De Taisy.
Marie...........		Godfrend.
Moïse......	MM.	Obin.
Pharaon.........		Faure.
Aménophis.......		Warot.
Osiride...........		Bonnesseur.
Eliézer.........		Grisy.
Aufide...........		Kœnig.
Voix mystérieuse ..		Vidal.

3ᵉ ACTE.— PAS DE DEUX.

Mᵉˢ Beaugrand, Baratte.

PAS DE TROIS.

Mᵉˢ L. Fonta, Fioretti, Mérante.
Mᵉˢ Lamy, Leroy, Villaroy,
Montaubry, E. Rust, Laurent,
Volter, Hairivan, Sanlaville,
Brach, Jousse, Jousset, Allias.

1ᵉ Représentation le 26 fév. 1827

* SACOUNTALA.

Ballet-Pantomime en 2 actes, de MM. Th.
Gautier et Petipa.—Musique de Reyer.

Sacountala....	M᫿	Ferraris.
Hamsati..........		Marquet.
Gantami..........		Aline.
Priamvada.........		Schlosser.
Anousouya		Poussin.
Tchatourica.......		Cellier.
Parathritica		Mauperin.
Misrekisi		Corinne.
Minena...........		Montaubry.
Douchmanta..	MM.	Petipa.
Madhavya.........		Merante.
Canona...........		Lenfant.
Durwasas		Coralli.
Le Bourreau.......		Cornet 1ᵉʳ.
Un pêcheur........		Cornet 2ᵉ.
Sargrava..........		Estienne.
Saradouka.........		Millot.
Un courtisan		Lefèvre.

1ᵉʳ ACTE.—PAS DES BRACHMANESSES

Mᵉˢ Ferraris, Schlosser, Cellier,
Poussin, Mauperin.

2ᵉ ACTE.— PAS DE CINQ.

Mᵉˢ Mauperin, Savol, Moncelet,
Rousseau, M. Beauchet.

PAS DE DEUX.

Mᵉˢ Villiers, Quéniaux.

PAS DE DEUX.

Mᵉ Ferraris, M. Mérante.

1ᵉ Représentation le 14 juill. 1858

SAPHO.

Opéra en 3 actes, d'E. Augier.—Musique
de Ch. Gounod.

Sapho.........	M᫿ˢ	Artot.
Glycère...........		Ribault.
Coryphée.........		Bengraff.

Phaon........MM. Sapin.
Pythéas .... Marié.
Un Pâtre .... Aïmés.
Cratès............ Kœnig.
Le Grand Prêtre... Noir.

—

1re Représentation le 16 avril 1851

Reprise : Le 26 juillet 1858.

LA SYLPHIDE.

Ballet-Pantomime en 2 actes, de *A. Nourrit et Taglioni.* — Musique de *Schneitzhoffer.*

La Sylphide....Mlle Emma Livry.
Effie.............. Villiers.
Vieille Sorcière.... Aline.
Jeune Sylphide.... Rebard.
La Mère........... Laurent.
Trois Sylphides.... Rousseau.
— — .... Simon.
— — .... Mauperin.
Deux écossaises ... C. Laurent.
— — .... Genty.
James........ MM. Mérante.
Gurn............. Berthier.
Garçons de ferme.. Scio.
— — ..... Pisarello.

1er ACTE. — PAS DE DEUX.
Mlles Caroline, Nathan.

PAS DE TROIS.
Mlles Livry, Villiers, M. Mérante.

GIGUE ANGLAISE.
M. Berthier et le corps de ballet.

2e ACTE. — PAS DE TROIS.
Mlle Livry, M. Mérante.
Mlles Danse, Lami, Jousse, Maria, Morlot, Cassegrain, Baratte et Villeroy.

—

1re Représentation le 12 mars 1832

* HERCULANUM.

Opéra en 4 actes, de MM. *Mery et Hadot.* — Musique de *F. David.*

Olympia.......Mme Borghi-Mamo
Lilia............. G. Lauters.
Hélias......... MM. Roger.
Nicanor........... Obin.
Satan............. Coulon.
Le prophète....... Marié.

2e ACTE. — LES GRACES.
Mlles Rousseau, Simon, Troisvallets

LES MUSES. — PAS DE DEUX.
Mlle Emma Livry, M. Mérante, et douze bacchantes.
Mlle Aline, MM. Cornet, E. Cornet, Jules, Lefèvre, Brion et Caté.

—

1re Représentation le 4 mars 1859

* ROMEO ET JULIETTE.

Opéra en 4 actes, de M. *Nuitter.* — Musique de *Bellini.*

Romeo ....Mme Vestvali.
Juliette............ G. Lauters.
Tebald........MM. Gueymard.
Capulet............ Coulon.
Lorenzo .... Marié.

2e ACTE. — PAS DE DEUX.
Mlle Pitteri, M. Mérante.

PAS SEUL.
Mlle Zina.

PAS DE SIX.
Mmes Schlosser, Cellier, Simon, Pilvois, Mercier, Stoïkoff.

TARENTELLE.
Mlle Zina, M. Mérante.

—

1re Représentation le 7 sept. 1859

L'AME EN PEINE.

Opéra en 2 actes, de M. *de Saint-Georges.* Musique de M. *de Flotow.*

Paola ....Mme Delisle.
La comtesse....... Hamakers.
Frantz ....MM. Dumestre.
Leopold .... Dufrêne.
Le Sénéchal....... Coulon.
Ulrich............ Kœnig.

DANSE.
Mlles Lamy, Danse, Baratte, Ségaud, Poinet, Parent, M. Millot.

—

1re Représentation le 29 juin 1846

— 40 —

* PIERRE DE MÉDICIS.

Opéra en 4 actes, de MM. *de St-Georges et P. Pacini.* — Musique du prince *Ponialowski.*

Pierre de Médicis.. Gueymard.
Julien de Médicis . Bonnehée.
Fra Antonio....... Obin.
Paolo Morte .... Aimès.
Un soldat .... Kœnig.
Un soldat .... Mechelaere.
Un seigneur....... Cleophas.
Un hérault........ Fréret.
Laura Salviati.Mᵐᵉ Gueymard-L.
Une dame......... Bengraff.

2ᵉ ACTE. — LES AMOURS DE DIANE.

Endymion .... MM. Mérante.
Un faune.......... Coralli.
Diane ....Mᵐᵉˢ Ferraris.
L'Amour........ . Fiocre.
Une bergère....... Nathan.
Une bergère....... Morando.
Une chasseresse... Carabin.
   —   ..... Simon.
   —   ..... Pilvois.
   —   ..... Stoikoff.

4ᵉ ACTE. — IL TRESCONE.

M. Bauchet, Mˡˡᵉ Caroline.
M. Millot et Mˡˡᵉ Corinne.

—

1ʳᵉ Représentation le 9 mars 1860

* SEMIRAMIS.

Opéra en 4 actes, de M. *Mery.* — Musique de *Rossini.*

Semiramis.....Mᵐᵉˢ C. Marchisio.
Arsace .... B. Marchisio.
Azéma .... Bengraff.
Assur........ MM. Obin.
Idrène .... Dufrène.
Oroès .... Coulon.
L'ombre de Ninus.. Fréret.

2ᵉ ACTE. — PAS DE TROIS.

Mˡˡᵉˢ Villiers, Savel, M. Bauchet,
Mˡˡᵉˢ Mauperin, Simon, Pilvois,
Fiocre.

LES NINIVIENNES.

Mˡˡᵉˢ Parent, Biratte, Lamy, Ségaud, Poinet et Beaugrand.

—

1ʳᵉ Représentation le 9 juillet 1860

* LE PAPILLON.

Ballet-Pantomime en 2 actes, de Mˡˡᵉ *Marie Taglioni et de M de Saint-Georges.* Musique de M *J. Offenbach.*

Farfalla ....Mᵐᵉˢ Emma Livry.
La Fée Hamza..... Marquet.
La Fée des Perles.. Simon.
La Fée des Moissons Schlosser
La Fée des Diamants Mauperin.
La Fée des Fleurs. Troisvallets.
Zaïdée .... Stoikoff.
Un Génie.......... Lamy.
Une Jeune Fille ... Thibert.
L'Hymen.......... Brach.
Patimat .... MM. Berthier.
Djalma.......... Mérante.
Ismaïl Bey .... Lenfant.
Mohammed........ Dauty.
Aziz.............. Cornet.
Mollah........... Lefèvre.
Micaïm........... Jules.

1ᵉʳ ACTE. — PAS DE CARACTÈRE.

Mˡˡᵉ Stoïkoff, M. Cornet.

LA LÉGINSKA.

Mˡˡᵉ Livry, M. Mérante.

LES BOHÉMIENS.

Mˡˡᵉˢ Nathan, Savel, Moncelet, Morando, Génat, Carabin, Schlosser, Mauperin, Simon.
MM. Bauchet, Coralli.

LES RAYONS.

Mˡˡᵉ Livry et les Dames coryphées.

2ᵉ ACTE. — PAS DE TROIS.

Mˡˡᵉˢ Fiocre, Lami, Beaugrand.

PAS DE DEUX.

Mˡˡᵉ Emma Livry, M. Mérante,
Mˡˡᵉˢ Mauperin, Simon, Parent,
Troisvallets, Segaud, Poinet.

—

1ʳᵉ Représentation le 26 nov. 1860

* TANNHAUSER.

Opéra en 4 actes et 4 tableaux, de M. *Richard Wagner.*

Vénus.........Mᵐᵉˢ Tedesco.
Elisabeth........... Marie Sax.
Un pâtre.......... Reboux.
Dame châtelaine... Aline.

Pages......... MM. Granier.
  — .... Christian.
  — .... Vogler.
  — .... Rouard.
Tannhauser... MM. Niemann.
Wolfranc.......... Cazaux.
Biteroff............ Coulon.
Walter............. Aimès.
Henrite............ Kœnig.
Remmar........... Fréret.
Un majordome..... Lefèvre.
Un châtelain....... Millot.

1er ACTE. — LES GRACES.

Mlles Rousseau, Troisvallets et Stoïkoff.

1re Représentation le 13 mars 1861

˙ GRAZIOSA.

Ballet-Pantomime en 1 acte, de MM. *Derley* et *Petipa.* — Musique de M. *Th. Labarre.*

Graziosa....... Mmes Ferraris.
Nunziata.......... Aline.
Dona Elvire....... Thibert.
Mascatello..... MM. Berthier.
Piétro............ Chapuy.
Le Podesta........ Danty.
Don Manuel....... Coralli.
Don Rodrigo...... Estienne.
Quatre Soldats..... Rémond.
  — ...... Petit.
  — ...... Cornet.
  — ...... Jules.
Un officier......... Lefèvre.
Un alguazil........ Millot......
Un greffier........ Monfallet.

PAS DE LA CHARMEUSE.

Mmes Ferraris, MM. Berthier, Rémond, Cornet, Jules, Petit.

LA CORRIDA DE LOS TOROS.

Espada......... Mlles Marquet.
Picadores.......... Parent.
  — .... Poinet.
Banderillos......... Schlosser.
  — .... Simon.
  — .... Troisvallets.
  — .... Biratto.
Chulos............ Moncelet.
  — .... Mauperin.
  — .... Stoïkoff.
  — .... Lamy.

PAS DE LA FIANCÉE.

Mmes Ferraris, Morando, Carabin, Rousseau, Fiocre, M. Chapuy.

1re Représentation le 25 mars 1861

˙ LE MARCHÉ DES INNOCENTS

Ballet-Pantomime de MM. *Petipa frères.* Musique de *Pugni.*

Gloriette...... Mme Marie Petipa.
Denise .... Marquet.
Coraline.......... Morando.
Poissarde.......... Schlosser.
Fierrette .... Troisvallets.
Arlequine .... Mercier.
Pulchinella........ Stoïkoff.
Jardinier .... Fiocre.
Capitan........ MM. Berthier.
Simon.............. Mérante.
Lindor .... Danty.
Pantalone .... Estienne.
Marciosino......... Cornet.
Jardinier .... Millot.

LE PANIER DE CERISES.

Mme Petipa, M. Mérante.

LE JALOUX GÉNÉREUX.

Mmes Morando, Troisvallets, Mercier, Stoïkoff; MM. Berthier et Cornet.

DAMES DE LA HALLE.

Mlle Schlosser et 48 artes du ballet.

PAS DE LA CHAINE DES FLEURS.

Mlle Fiocre, M. Mérante.

LA ZIGANKA.

Mme Petipa.

1re Représentation le 29 mai 1861

ALCESTE.

Tragédie lyrique en 3 actes, de *Bailly du Rollet.* — Musique de *Gluck.*

Alceste........ Mmes P. Viardot.
Jeune Fille grecque De Taisy.
Admète...... MM. Michot.
Divinité infernale.. Coulon.
Le grand-prêtre.... Cazaux.
Hercule .... Borchardt.
E andre........... Kœnig.
Apollon .... Grisy.
Un hérault .... Fréret.

4.

2ᵉ ACTE. — PAS DE TROIS.

Mˡˡᵉˢ Villiers, Savel et Génat.

—

1ʳᵉ Représentation le 2 janv. 1874

Reprise: Le 21 octobre 1861.

* L'ÉTOILE DE MESSINE.

Ballet-Pantomime en 2 actes, 6 tableaux,
de MM. *P. Foucher* et *Borri.* —
Musique de M. le comte *Gabrielli.*

Gazella........Mᵐᵉˢ Ferraris.	
La comtesse........ Marquet.	
Vragana........... Genat.	
Rosette............ Morando.	
Jacinta............ Aline.	
Jacops........ MM. Berthier.	
Gianni............ Mérante.	
Le Marquis........ Coralli.	
Momale............ Chapuy.	
Raphael .... Bauchet.	
Myrtho............ Cornet.	
Le Duc........... Lenfant.	
Le Vice-Roi........ Estienne.	

AU 1ᵉʳ TABLEAU : LES MASQUES.

Mˡˡᵉˢ Morando, Carabin, Rousseau,
Schlosser, Simon, Pilvois, Mercier, Stoikoff, Fiocre, Parent;
MM. Berthier et Petit.

PAS DE DEUX.

Mᵐᵉ Ferraris, M. Mérante.

BALLABILE GÉNÉRAL.

AU 2ᵉ TABLEAU: POLKA COMIQUE.

Mˡˡᵉˢ Ferraris, MM. Mérante, Coralli

AU 3ᵉ TABLEAU : PAS DE HUIT.

Mˡˡᵉˢ Morando, Beaugrand, Fiocre,
M. Bauchet et 4 coryphées.

TARENTELLE.

Mᵐᵉ Ferraris, M. Mérante.

AU 5ᵉ TABL. : RÉVOLTE DES FÉES.

Mᵐᵉˢ Ferraris, Savel, Génat, Carabin, Rousseau, Schlosser, Simon,
Pilvois, Stoikoff, Mercier, et
M. Mérante.

AU 6ᵉ TABL.: DANSE POPULAIRE.

Mᵐᵉ Ferraris, M. Mérante.

—

1ʳᵉ Représentation le 20 nov. 1861

---

* LA VOIX HUMAINE.

Opéra en 2 actes, de M. *Mélesville.*
Musique de M. *Alary.*

Didier........MM. Dulaurens.	
Conrad .... Rondel.	
Le Landgrave...... Coulon.	
Hans............. Marié.	
Isaure.........Mᵐᵉˢ De Taisy.	

—

1ʳᵉ Représentation le 30 déc. 1861

---

* LA REINE DE SABA.

Opéra en 4 actes, de MM. *J. Barbier* et
Carré. — Musique de M. *Ch. Gounod.*

Balkis,........Mᵐᵉˢ Gueymard-L.	
Benoni............ Hamakers.	
Sarahil............ Tarby.	
Une Sabéenne..... Emma Livry.	
Une Juive......... Zina.	
Adoniram .... MM. Gueymard.	
Soliman........... Belval.	
Methousaïl........ Coulon.	
Phanor............ Marié.	
Amrou............ Grisy.	
Sadoc............. Fréret.	
Un Sabéen .... Chapuy.	

2ᵉ ACTE. — LES JUIVES.

Zina et le Corps de ballet.

LES SABÉENNES.

Mˡˡᵉˢ Emma Livry, Moncelet,
Rousseau, Schlosser, Pilvois,
Mercier, Stoikoff, Beaugrand,
Fiocre 1ʳᵉ; M. Chapuy.

3ᵉ ACTE. — LES ODALISQUES.

—

1ʳᵉ Représentation le 28 fév. 1862

---

* LA MULE DE PEDRO.

Opéra en 2 actes, de M. *Dumanoir.* —
Musique de M. *V. Massé.*

Gilda........Mᵐᵉˢ Gueymard-L.	
Grillo............ De Taisy.	
Pedro.........MM. Faure.	
Tebaldo .... Warot.	
Hernandez........ Guignot.	

—

1ʳᵉ Représentation le 6 mars 1863

GISELLE.

Ballet-Pantomime en 2 actes, de MM. *de Saint-Georges, Th. Gautier et Coralli.* Musique de M. *Ad. Adam.*

Giselle .... M⁽ᵐᵉ⁾ Mourawief.
Bathilde .... Marquet.
Sulina .... Savel.
Berthe .... Aline.
Myrtha .... Laure Fonta.
Moyna .... Parent.
Albert .... MM. Mérante.
Le Prince .... Lenfant.
Hilarion .... Coralli.
Wilfrid .... Rémond.

1ᵉʳ ACTE. — PAS DES VENDANGES.
Mˡˡᵉ Mourawief, M. Mérante.

VALSE.
Mˡˡᵉ Zina, M. Chapuy.

PAS DE DEUX.
Mˡˡᵉ Mourawief, M. Mérante.
Mˡˡᵉˢ Schlosser, Pilvois, Mercier, Stoïkoff, Fiocre et Baratte.

GALOP FINAL.
2ᵉ ACTE. — LES WILLIS.
Mˡˡᵉˢ Mourawief, Laure Fonta, Savel et Parent.

PAS DE DEUX.
Mˡˡᵉ Mourawief, M. Mérante.

—

1ʳᵉ Représentation le 28 juin 1841

---

* DIAVOLINA.

Ballet-Pantomime en 1 acte, de M. *Saint-Léon.* — Musique de M. *Pugny.*

Diavolina ...... M⁽ᵐᵉ⁾ Mourawief.
Marianna .... Marquet.
Francesca .... Aline.
Une petite fille ..... Brach.
Bridoux ...... MM. Mathieu.
Genariello .... Mérante.
Don Fortunato ..... Lenfant.
Don Pejyuno ...... Dauty.
Don Chinchillo .... CoralIy.
Un tambour-major. Petit.
Zambognari .... Estienne.
                    Cornet.
Un notaire .... Lefèvre.

LA SCARPETTA.
Mˡˡᵉ Mourawief, M. Mérante.
Mˡˡᵉˢ Pilvois, Parent, MM. Rémond et Jules.

LA GNIA GNIA.
Mˡˡᵉˢ Mourawief, Pilvois, Parent.

PAS COMIQUE.
Mˡˡᵉˢ Villiers, E. Urban, M. Coralli.

PAS DE QUATRE.
Mˡˡᵉˢ Mourawief, Beaugrand, Baratte, M. Mérante.

—

1ʳᵉ Représentation le 6 juillet 1863

---

* LA MASCHERA,
OU
LES NUITS DE VENISE.

Ballet-Pantomime en 3 actes et 6 tableaux, de MM. *de Saint-Georges* et *Rota.* — Musique de M. *Giorza.*

Lucilla .... M⁽ᵐᵉ⁾ Boschetti.
Catarina .... Caroline.
Marietta .... Sanlaville.
Pier Angelo .... E. Fiocre.
Donato Rizzi .. MM. Mérante.
Campagnino .... Coralli.
Squarcione .... Danty.
Mendiant .... Lenfant.
Exempt .... Estienne.
Charlatan .... Pluque.
Gondolier .... Cornet.

BRINDISI.
M. Mérante, Mˡˡᵉˢ Fiocre, Pilatte, Baratte, Sanlaville, Brach.
BRINDISI: PAS DES CARTES.
Pas de Mˡˡᵉ Boschetti.

2ᵉ ACTE.
L'Air : Mˡˡᵉˢ Savel, Beaugrand, Lami, Leroy, Villeroy, Montaubry.
L'Eau : M⁽ᵐᵉˢ⁾ Villiers, Morando, Pilvois, Parent.
La Terre : Mˡˡᵉˢ Carebin, Rousseau, Stoïkoff, Pilatte.
Pas de Mˡˡᵉ Boschetti.

LA TIRLANA.
Polka comique : Mˡˡᵉˢ Villiers, Beaugrand, Rémond.

PAS DE DEUX.
Mˡˡᵉˢ Boschetti, Savel, Urban, Bossi, Parent, M. Mérante.

3ᵉ ACTE. — PAS DES FLEURS.
Mˡˡᵉˢ Carabin, Pilvois, Stoïkoff, Urban, Bossi, Pilatte.

PAS DE CARACTÈRE.
Triomphe : Mˡˡᵉ Boschetti.

—

1ʳᵉ Représentation le 19 fév. 1864

*LE DOCTEUR MAGNUS.

Opéra en 1 acte, de MM. *E. Cormon* et M. *Carré*. — Musique de M. *E. Boulanger*.

Le Docteur....MM. Bonnesseur.
Daniel.............. Warot.
Fritz............... Grisy.
Un colporteur...... Portehaut.
Rosa.........M₋₋ Levieilli.
Gudule............ Tarby.

—

1ʳᵉ Représentation le 9 mars 1864

---

*NÉMÉA.
OU
L'AMOUR VENGÉ.

Ballet en 2 actes, de MM. *Meilhac, Ludovic Halévy* et *Saint-Léon*. —Musique de M. *Minkous*.

Néméa.........M₋₋ Mourawief.
L'Amour............ E. Fiocre.
Hermiola.......... Sanlaville.
Caterina........... Caroline.
Ika............... Aline.
Mohler........MM. Méranto.
Moka.............. Dauty.
Itwan............ Chapuy.
Khéralfy.......... Rémond.
Minden............ Lenfant.
Un serviteur....... Petit.

Seigneurs: MM. Pluqué, Estienne, Millot, Montfalet, Bion.

1ᵉʳ ACTE. — LE LANGAGE DES FLEURS.

M₋₋ Mourawief, Pilatte, Lamy, Volter, Jousset, Brach.

DANSE DES NOCES.

M₋₋ Bossi, Urban, Sanlaville, MM. Bauchet, Rémond, Cornet.

PAS DES DORODANTS.

PAS DES LUCIOLES.

2ᵉ ACTE. — PAS DE TROIS.

M₋₋ Villiers, Beaugrand, Baratte.

PAS DE CINQ.

M₋₋ Mourawief, Pilatte, Leroy, Volter, M. Chapuy.

CHANSON A BOIRE.

M₋₋ Mourawief, M. Méranto.

—

1ʳᵉ Représentation le 11 juill. 1864

---

*ROLAND A RONCEVAUX.

Opéra en 4 actes. — Paroles et Musique de *A. Mermet.*

Alde.........M₋₋ Gueymard-L.
Saïda....,...... De Maësen.
Un page........... Levieilli.
Roland........MM. Gueymard.
Turpin............ Belval.
Ganelon.......... Casaux.
Un pâtre.......... Warot.
L'émir............ Bonnesseur.
Un écuyer......... Delahaye.
Charlemagne...... Pluque.
Un vieillard....... Lefèvre.
Un visir.......... Millot.

LES PAIRS DE CHARLEMAGNE.

DIVERTISSEMENTS DU 2ᵉ ACTE.

M₋₋ L. Fonta, Fioretti, Morando, Beaugrand, Baratte, Bossi, Montaubry.

3ᵉ ACTE. — LA FARANDOLLE.

M₋₋ Pilatte, M. Rémond.

—

1ʳᵉ Représentation le 3 oct. 1864

---

*L'AFRICAINE.

Opéra en 5 actes. — Paroles d'*E. Scribe.* Musique de *Meyerbeer.*

Selika.........M₋₋ Saxe.
Inès............... Battu.
Anna.............. Levieilli.
Vasco de Gama MM. Naudin.
Nelusko........... Faure.
Grand Bramine.... Obin.
Don Pedro........ Belval.
Don Alvar......... Warrot.
L'amiral.......... Castelmary.
L'inquisiteur...... David.

Officiers de marine: Grizy, Aimés, Mermand, Tissière, Fleury, Portehaut, Fréret, Mechelaère.
Evêques: Vidal, Noir, Delahaye, Georget, Mouret.
Un huissier: Cléophas.

DANSE AU 4ᵐᵉ ACTE.

M₋₋ Marquet, Rousseau, Stoikoff, Bossi, Montaubry.
MM. Collet, Millet, Pluque, Lefèvre

—

1ʳᵉ Représentation le 23 avril 1865

TABLEAU

Indiquant, année par année, le nombre de représentations des Ouvrages ayant composé le Répertoire depuis le 1er janvier 1855 jusqu'au 31 décembre 1864 inclusivement (dix ans), et le total des Représentations de chaque Ouvrage en dix ans. — Plus, les six premiers mois de 1865.

NOTA. — Les Représentations de fragments d'Ouvrages sont comptées. — Les Titres, précédés d'un °, indiquent les Ouvrages nouveaux.

TITRES DES OUVRAGES.	1855	1856	1857	1858	1859	1860	1861	1862	1863	1864	TOTAL des dix ans.
La Muette de Portici, Opéra	15	..	..	1	15	..	..	26	51	..	63
La Favorite, Op..	6	20	24	14	15	13	8	26	17	14	157
Le Philtre, Op.............	13	18	6	..	..	..	12	1	..	..	40
°La Fonti, Ballet.........	24	..	..	..	..	..	..	..	..	..	24
Les Huguenots, Op.........	16	14	14	10	13	11	19	12	17	17	145
Robert le-Diable, Op......	9	15	9	10	13	13	8	14	9	9	114
La Virandière, B.	1	1	..	..	10	2	12	5	2	1	34
Lucie de Lammermoor, Op.	14	23	8	16	18	15	21	7	7	9	143
La Xacarilla, Op..........	2	7	2	13	..	..	..	13	2	2	41
Le Diable à quatre, B.....	4	8	..	..	..	..	..	11	3	..	26
La Juive, Op.............	10	8	6	8	9	5	3	18	12	9	98
Le Prophète, Op..........	26	14	16	9	5	7	8	10	1	..	96
Jovita, B.	4	3	..	..	7	..	..	..	11	..	13
°Les Vêpres Siciliennes, Op.	51	10	2	..	4	..	..	..	11	4	62
°Sainte-Claire, Op... ...	9	..	..	..	..	..	..	..	..	..	9
°Pantagruel, Op..........	1	..	..	..	..	..	..	..	..	..	1
°Le Corsaire, B..........	..	51	9	6	..	..	..	..	..	..	66
Le Maître chanteur, Op. ..	..	14	1	..	..	..	..	..	..	..	15
La Reine de Chypre, Op...	..	7	2	4	..	..	..	..	..	..	13
°Les Elfes, B.	..	19	4	2	2	7	2	..	..	..	36
Guillaume Tell, Op........	..	11	22	20	18	10	17	17	16	16	147
°La Rose de Florence, Op..	..	5	..	..	..	..	..	..	..	..	5
°Le Trouvère, Op........	..	..	33	9	10	10	16	19	20	13	130
°Marco Spada, B........	..	..	20	6	1	..	..	..	..	..	27
°François Villon, Op......	..	..	18	..	..	..	..	..	..	..	18
Orfa, B.................	..	..	7	6	3	4	..	..	..	..	20
Le Comte Ory, Op........	..	..	5	9	11	14	18	3	17	11	88
°Le Cheval de Bronze, Op.	..	..	11	7	..	..	..	..	..	..	21
La Somnambule, B........	..	..	4	6	4	..	..	..	..	..	14
Le Bal masqué de Gustave, B	..	..	..	1	..	..	..	..	..	..	1
°La Magicienne, Op	..	..	..	41	3	..	..	..	..	..	44
Moïse (1 acte en 1858), Op	..	..	..	2	..	..	..	..	1	28	31
°Sacountala, B...........	..	..	..	14	8	2	..	..	..	..	24
Sapho, Op....	..	..	..	10	..	..	..	..	..	..	10
La Sylphide, B...........	..	..	..	8	11	11	..	..	..	..	30
°Herculanum, Op.........	..	..	..	..	33	6	14	5	..	..	63
°Roméo et Juliette, Op....	..	..	..	..	11	..	..	..	..	..	11
L'Ame en Peine, Op.......	..	..	..	..	5	2	..	..	..	..	7
°Pierre de Médicis, Op. ...	..	..	..	..	..	34	8	5	..	..	47
°Sémiramis, Op	..	..	..	..	..	32	3	..	..	..	25
°Le Papillon, B	..	..	..	..	..	11	26	5	..	..	42
°Tanhauser, Op..........	..	..	..	..	..	..	3	..	..	..	3
°Graziosa, B............	..	..	..	..	..	..	23	16	12	..	51
°Le Marché des Innocents, B	..	..	..	..	..	..	26	15	10	11	62
Alceste (reprise), Op......	..	..	..	..	..	..	12	6	1	..	19
°L'Etoile de Messine, B....	..	..	..	..	..	..	12	23	2	..	37

TITRES DES OUVRAGES.	1855	1856	1857	1858	1859	1860	1861	1862	1863	1864	TOT des dix
*La Voix humaine, Op ...	..	..	..	..	..	..	1	12	..	..	13
•La Reine de Saba, Op....	..	..	..	..	..	..	..	15	..	..	15
•La Mule de Pedro, Op....	..	..	..	..	..	..	..	..	3	..	3
Giselle, B................	..	..	..	..	..	..	..	..	25	8	33
•Diavolina, B.............	..	..	..	..	..	..	..	..	20	11	31
•La Maschera B...........	..	..	..	..	..	..	..	..	..	17	17
•Le docteur Magnus, Op...	..	..	..	..	..	..	..	..	..	11	11
•Néméa ou l'Amour vengé, B	..	..	..	..	..	..	..	..	..	16	16
•Roland à Roncevaux, Op..	..	..	..	..	..	..	..	..	..	31	31

35 Opéras, 20 Ballets. —Total, 55 Ouvrages, dont 29 nouveautés, 11 Ballets et 18 Opéras

Du 1ᵉʳ Janvier au 30 Juin 1865 inclusivement.

Les Huguenots............	6	La Favorite................	3
Roland à Roncevaux.......	24	Diavolina..................	3
Moïse....................	4	La Muette de Portici	11
Le Trouvère..............	9	' L'Africaine..............	28
La Maschera	7	Néméa	6
Guillaume Tell...........	3		

BALS MASQUÉS DE L'OPÉRA.

Saison 1865—1866.

Orchestre composé de 150 Musiciens dirigé par

STRAUSS.

La saison 1865-1866 se composera de 12 bals, qui auront lieu: le premier le 9 décembre 1865, puis successivement tous les samedis. Les deux derniers bals auront lieu le mardi-gras, 13 février, et le jeudi de la mi-carême, 8 mars 1866.

Le bureau spécial des *Bals de l'Opéra* est rue Drouot, 3, à la gauche de la grande porte donnant dans la cour de l'Opéra.

EXTRAIT DU CATALOGUE

DE LA

LIBRAIRIE GOSSELIN.

Le barreau de Paris. Études politiques et littéraires, par MAURICE JOLY, avocat. Un beau vol. in-18. Prix, 3 fr. 50

Ce livre qui, au moment de sa publication, a ému les critiques de toutes les couleurs, n'a cependant été apprécié sous un vrai jour par aucun des aristarques assermentés ; aussi profitons-nous de la circonstance pour publier, sur ce livre curieux et passionné, l'avis d'un des Nestors du barreau parisien qui, suivant nous, et peut-être parce qu'il ne s'attendait pas à cette petite perfidie de notre part, a seul formulé un jugement confidentiel, dont voici quelques fragment :

« ... La jeunesse est présomptueuse et dédaigne l'expérience des vieillards ; aussi, sans se soucier des suites funestes de ses actes, exécute-t-elle au : : vite qu'elle conçoit. L'auteur du *Barreau de Paris* n'a pas échappé à ce piége que l'illusion et l'enthousiasme de la jeunesse tendent à tous les débutants. Légitimement fier de sa toge, M. Joly, plus royaliste que le roi, a regardé comme un devoir d'entreprendre l'apologie de l'Ordre des avocats et, si le résultat de son travail a complétement déjoué ses espérances, s'il a atteint un but tout à fait contraire à celui qu'il s'était proposé, nul, et un avocat moins que tout autre, ne saurait lui en faire un reproche : son intention était bonne et pure, il suffit de le lire pour s'en convaincre. Sa vénération pour l'Ordre n'a d'égale que son inexpérience..... Et pourtant, le profane qui, en fermant ce livre, citera au tribunal de son examen l'avocat ou les avocats qu'il connaîtra, ce profane constatera que pas un seul ne ressemble à l'idéal tracé par M. Joly. Et s'il accepte cet idéal comme critérium, il prendra en souverain mépris l'avocat qui est à peine l'ombre de ce portrait. Voilà, selon moi, un de plus graves reproches qu'on puisse faire à ce livre ; il donne de l'avocat une idée tellement surhumaine, qu'il devient la critique de l'Ordre que l'auteur voulait rehausser. Passons à un autre ordre d'idées et vi ons de suite le sac de critiques pour arriver ensuite à l'éloge... Le livre débute par une étude intitulée : *Gorgias* ; tout lecteur reconnaîtra le modèle, malgré l'opacité du pseudonyme, et si je connaissais M. Joly, je suis sûr qu'il n'oserait pas nier la personnalité que je lui désignerais tout bas à l'oreille. Pourquoi veut-il donc s'abriter derrière une dénégation à laquelle personne n'ajoutera foi ? C'est pourtant le morceau capital de son œuvre, et ce portrait de *Gorgias*, plus ou moins ressemblant, ce dont je n'ai pas à m'occuper en feignant d'accepter la déclaration de l'auteur, ouvre le livre d'une manière piquante. Nous aimons tous la satire, et le paysan d'Athènes, qui fatigué d'entendre vanter Aristide le bannit, a laissé une nombreuse et éternelle postérité. Le modèle supposé à l'étude *Gorgias* n'a que des amis et des ennemis; il ne rencontre aucun indifférent. M. Joly a compté sur les passions que devait soulever cette lecture ; il n'a pas eu tort. En mettant sur la sellette le chef des *Cinq*, il savait bien qu'amis et ennemis rugiraient, les uns de joie, les autres de fureur, et que vous, monsieur l'éditeur, vendriez votre livre!... Mais dites bien à M. Joly que ce livre lui fera personnellement plus de tort que de bien ; qu'il en croie un vieux confrère : Ceux même dont il a dit du bien n'oseront le défendre de peur de paraître ses complices aux yeux de ceux dont il a dit du mal..... Rappelez-lui qu'il convient peu à un jeune auteur d'accuser Jean-Jacques, « de ne pas croire à ses propres théories, » de traiter Timon de « cotonneux » et comparer M. Dufaure à « Ximénès ou à Sixte Quint »... L'excès en tout est un défaut... Dites surtout à votre autre auteur que dans une œuvre, même à *facettes* ou à *tiroirs*, comme on dit dans l'argot littéraire de nos jours, l'unité est la première chose à observer ; c'est un principe qu'il paraît complétement ignorer, car ses premières pages pourraient être signées *Veuillot* et ses dernières *Pelletan*, sans que le moindre doute vînt à l'esprit d'aucun de ses lecteurs... Ces réserves faites, je louerai sans restriction l'intention, comme je l'ai déjà dit, et la forme claire, nette, précise, tantôt grave, tantôt enjouée, toujours facile, l'élégance du style, la propriété d'expression, le tour heureux, le mot bien frappé, la citation juste, la révélation piquante, l'intérêt habilement excité; enfin, il y a dans ce livre tous les éléments d'un succès littéraire, et si, dans dix ans d'ici, M. Joly remettait son œuvre sur le métier, il sortirait de ce nouveau travail un tout harmonieux et complet... Ce livre pourra peut-être un jour conduire son auteur à la tribune politique, mais il l'écarte à tout jamais de la barre judiciaire..., etc., etc.

Entretiens populaires, publiés par EVARISTE THÉVENIN.

1re SÉRIE (1860).

Babinet.	Le Chaos.
Ph. Chasles.	L'Homme.
Barral.	L'Agriculture.
Perdonnet.	Les Chemins de fer.

1 vol. in 16. Prix.............................. 1 fr.

... La première série des conférences de l'Association polytechnique a été recueillie et publiée par Evariste Thévenin. Nous renvoyons le lecteur à cet intéressant ouvrage, qui est un programme modèle d'enseignement populaire supérieur. ., etc., etc.

(Opinion Nationale).

2e SÉRIE (1861).

Babinet.	Volcans.
Geoffroy Saint-Hilaire.	Acclimatation.
Barral.	Agriculture (France et Angleterre).
Perdonnet.	Grandes inventions.
Bouchardat.	Boissons fermentées.
Homberg.	Blanchissage du linge.
Etex.	Beaux-Arts.

1 vol. in-16. Prix.. 2 fr.

... C'est la troisième année que ces conférences ont lieu ; celles des années précédentes ont été réunies en volumes, sous le titre d'*Entretiens populaires*, et publiées par M. Evariste Thévenin. Ces intéressants volumes sont appelés à prendre une place honorable dans la bibliothèque de tous les amis du progrès, etc., etc.

(Opinion nationale.)

3e SÉRIE (1862).

Babinet.	Pluralité des mondes.
Trousseau.	De l'Empirisme.
De Lesseps.	Canal de Suez.
Bouchardat.	Le Travail.
Barral.	Exposition de Londres.
Thierry.	Influence du Théâtre.
Samson.	Lecture à haute voix.

1 vol. in-16. Prix.. 2 fr.

... M. Thévenin, à qui nous devons déjà trois volumes des intéressantes conférences de l'Association polytechnique, ne pouvait négliger cette occasion de développer, dans une introduction, la nécessité d'une nouvelle réforme. C'est l'instruction de la femme qui fait aujourd'hui le sujet d'une étude consciencieuse. Nous ne pouvons essayer de résumer cet éloquent plaidoyer en faveur d'une thèse qui, dans les pays civilisés, préoccupe les esprits réfléchis, etc., etc...

(Revue populaire des sciences.)

4e SÉRIE (1864).

Bouchardat.	Le Lait.
Jules Duval.	Emigration.
Samson.	Le Misanthrope.
Barral.	Agriculture française et anglaise
Paulin-Paris.	Les Trouvères.
Babinet.	Sciences d'observation.
Perdonnet.	Pont du Rhin.—Mont-Cenis.
Balbie.	Institution de Crédit.

1 vol. in-16. Prix.. 2 fr.

5º SÉRIE (1865).

Jules Duval.	Les Colonies françaises
Frédéric Passy.	Le Progrès par les machines.
Barral.	L'Agriculture en 1789 et en 1865
Saint-René-Taillandier.	Le poëte Rotrou.
Bouchardat.	La Misère.

1 vol. in-16. Prix.............................. 2 fr.

Les grands Journaux de France, par JULES BRISSON et FÉLIX RIBEYRE. — *Siècle, Patrie, Presse, Opinion nationale, Moniteur universel, Constitutionnel, Journal des Débats, Charivari, Figaro.* 1 beau vol. grand in 8 jésus de 500 pages. Prix.......................... 3 fr. 50

Ce livre est la réalisation d'une excellente idée. Depuis que la loi Tinguy a détruit l'homogénéité du journalisme et l'a remplacée par l'individualité du journaliste, le public désirait vivement connaître les personnalités dont il lit chaque jour la signature. Quoi de plus naturel, en effet? Si le premier-Paris de tel journal vous est sympathique, si tel autre vous déplaît, vous ne seriez pas fâché de connaître l'homme dont la plume chaque matin vous charme ou vous irrite. Lisez les *Grands Journaux* de France et vous apprendrez sur chacun de leurs rédacteurs tout ce que vous pourrez désirer en savoir. Vous y trouverez une histoire de chaque journal, le procédé employé par chacun d'eux et la biographie de tous ceux qui y collaborent. Ce livre, dont l'exécution matérielle est aussi très-soignée, est un précieux musée pour les lecteurs de journaux, c'est-à-dire pour tout le monde.

Hygiène publique. — Résumé des travaux du Conseil de salubrité de la Seine (1848-1859), par EVARISTE THÉVENIN. 1 vol. in-18. Prix............................ 2 fr. 50

Le tour de France du fils de Giboyer. Documents pour servir à l'histoire du théâtre. 1 vol. grand in-18. Prix................... .... 50 c.

Les ouvriers de Paris, par PIERRE VINÇARD. 1 fort volume in-12. Prix......................... 3 fr. 50

Ce volume sera suivi d'autres ouvrages portant le même titre général dont les sous-titres seront le *l'élément*, le *Bâtiment*, les *Métiers dangereux*, etc.

Le mariage au XIX⁰ siècle — *Ce qui est, ce qui doit être*,
par Evariste Thévenin. 1 vol. in-18. Prix......... 1 fr.

Question éternellement intéressante, objet constant de sérieuse
étude, inépuisable sujet de controverse, le mariage, base des sociétés
antiques et modernes, a le privilège de passionner tous les esprits
observateurs et pratiques. L'auteur, grand partisan de mariage,
n'approuve cependant que ceux conclus par inclination et stigmatise
les unions contractées par intérêt. C'est une œuvre honnête, utile,
morale et spirituellement écrite, etc., etc. *(Opinion nationale)*.

En vacance. — *Alsace et Vosges*, par Evariste Thévenin,
1 vol. in-16, avec carte et gravures. — Prix......... 2 fr.

Aimez-vous les montagnes, les rochers, les lacs, les forêts, les
vieilles ruines et leurs sombres ou gracieuses légendes? Partez pour
l'Alsace et les Vosges et prenez un charmant volume que vient de publier M. Evariste Thévenin. Voilà un guide sûr et pittoresque, amu-
sant et instructif! Allez visiter ce pays hospitalier, ce panorama
changeant à chaque pas, et vous trouverez un précieux compagnon
dans ce livre qui, orné de gravures et de carte, porte ce titre plein
d'attrait et d'actualité: En Vacance.

Nos petits Journalistes, par Léon Rossignol, avec dix-
neuf portraits photographiés d'après Carjat. 1 vol. in 16.
Prix......... .... 1 fr. 50

**Biographie de tous les Députés au Corps légis-
latif** (1863—1869), par Félix Ribeyre. 1 vol. in-12, 324 p.
Prix.............. .... 2 fr.

Le Cardinal Retz. — Son génie et ses écrits, par M. Topin.
(Cet ouvrage a obtenu le prix d'éloquence décerné par
l'Académie française, le 23 juillet 1863). 1 vol. in-18.
Prix. .... 2 fr. 50

Almanach des Chemins de fer, pour 1864... 0,50 c.
  —   —   — pour 1865... 0,50 c.
  —   —   — pour 1866... 0,50 c.

On trouve à la même Librairie un assortiment complet de
toutes les pièces de théâtres, anciennes et nouvelles, jouées
sur tous les théâtres de France. Ecrire *franco*.

Éditions de Bibliophiles tirées à très-petit nombre.

Conversation du Maréchal d'Hocquincourt avec le père Canaye, par SAINT-ÉVREMONT. — Nouvelle édition par Louis LACOUR, petit in-32 jésus. Réimpression d'un des ouvrages les plus achevés de notre langue. Beaucoup d'amateurs demandaient qu'il fût publié à part pour accroître leur collection de petits classiques.

« Un chef-d'œuvre à peu près inconnu et que M. Louis Lacour vient de mettre à la portée de tout le monde dans une édition qui sera recherchée par les bibliophiles. Avant longtemps, elle sera rare et précieuse. » — GEORGES BELL (*La Presse*, 21 juillet 1865).

Prix... 2 fr. 50

Mémoires de la Duchesse de Brancas sur Louis XV et M™ de Châteauroux. — Nouvelle édition par Louis LACOUR, in-18 raisin vergé.

Il n'existe pas d'écrit plus spirituel ni plus charmant que ces quelques pages. Souvent citées comme un document historique incontestable, elles ont en outre le mérite de nous révéler un grand écrivain dans cette grande dame. Lauraguais, son petit-fils, assure que le reste de ses œuvres est perdu; c'est donc une épave littéraire à recueillir et à garder soigneusement.

Chaque exemplaire, couverture riche avec fermoirs de soie.
Prix... 5 fr.

Chaque ouvrage forme un joli volume de petit format, imprimé en caractères archaïques sur beau papier vergé de Hollande (1er choix). Grandes marges, titres rouge et noir, fleurons, lettres ornées, vignettes, couverture genre renaissance en parchemin de pâte.

La Question des Femmes à l'Académie française. Lettre aux Quarante, par Louis LACOUR.

C'est avec raison que depuis quelque temps on réclame pour les femmes un fauteuil à l'Académie française. L'auteur de la nouvelle brochure vient apporter dans le débat l'autorité de l'histoire sous la forme d'un pamphlet où s'allie à une critique ferme et railleuse le respect que commande un corps littéraire célèbre entre tous.

Prix... 1 fr. 50

Joli format microscopique, impression de luxe sur beau papier vergé (1er choix), grandes marges, titre rouge et noir, fleurons, lettres ornées, couverture genre nouveau, en cuir artificiel gaufré.

Pour paraître successivement à la même Librairie:

THÉATRE IMPÉRIAL DE L'OPÉRA-COMIQUE.

THÉATRE LYRIQUE IMPÉRIAL.

THÉATRE IMPÉRIAL ITALIEN.

COMÉDIE-FRANÇAISE.

THÉATRE IMPÉRIAL DE L'ODÉON.

THÉATRE IMPÉRIAL DU CHATELET.

THÉATRE DES BOUFFES-PARISIENS.

THÉATRE DE LA PORTE-SAINT-MARTIN.

THÉATRE DES VARIÉTÉS.

THÉATRE DU GYMNASE DRAMATIQUE.

THÉATRE DU VAUDEVILLE.

THÉATRE DU PALAIS-ROYAL.

THÉATRE DE LA GAITÉ.

THÉATRE DE L'AMBIGU-COMIQUE.

THÉATRE DÉJAZET.

Paris. — Imprimerie de E. BRIÈRE, rue Saint-Honoré, 117.